中国科协碳达峰碳中和系列丛书　　中国科

智能低碳交通

导论

钟志华 ◎ 主编

张进华　王先进 ◎ 执行主编

中国科学技术出版社

·北　京·

图书在版编目（CIP）数据

智能低碳交通导论 / 钟志华主编；张进华，王先进执行主编．-- 北京：中国科学技术出版社，2023.7

（中国科协碳达峰碳中和系列丛书）

ISBN 978-7-5236-0212-6

Ⅰ．①智…　Ⅱ．①钟…　②张…　③王…　Ⅲ．①城市交通运输 - 节能 - 研究 - 中国　Ⅳ．① F572

中国国家版本馆 CIP 数据核字（2023）第 119144 号

策　　划	刘兴平　秦德继
责任编辑	韩　颖
封面设计	北京潜龙
正文设计	中文天地
责任校对	焦　宁
责任印制	李晓霖

出　　版	中国科学技术出版社
发　　行	中国科学技术出版社有限公司发行部
地　　址	北京市海淀区中关村南大街 16 号
邮　　编	100081
发行电话	010-62173865
传　　真	010-62173081
网　　址	http://www.cspbooks.com.cn

开　　本	787mm × 1092mm　1/16
字　　数	176 千字
印　　张	9.25
版　　次	2023 年 7 月第 1 版
印　　次	2023 年 7 月第 1 次印刷
印　　刷	北京顶佳世纪印刷有限公司
书　　号	ISBN 978-7-5236-0212-6 / F · 1160
定　　价	69.00 元

“中国科协碳达峰碳中和系列丛书”
编 委 会

《智能低碳交通导论》
编 写 组

组　　长

钟志华　　中国工程院院士，中国工程院副院长

成　　员

李　骏　　中国工程院院士，中国汽车工程学会理事长，清华大学教授

丁荣军　　中国工程院院士，中国中车股份有限公司首席科学家，教授

张进华　　中国汽车工程学会常务副理事长兼秘书长

余卓平　　同济大学汽车学院教授，国家智能型新能源汽车协同创新中心主任

刘　攀　　东南大学党委常务副书记，教授

王先进　　交通运输部科学研究院副院长兼总工程师，研究员

主　　编

钟志华　　中国工程院院士，中国工程院副院长

执行主编

张进华　　中国汽车工程学会常务副理事长兼秘书长

王先进　　交通运输部科学研究院副院长兼总工程师，研究员

编　　委

李忠奎　侯福深　郭　杰　李　平　高倍力　马万经　胡满江

于海洋　陈　峻　金志扬　董振宁　公维洁　战静静　赵立金

贡　俊

写作组主要成员

郑亚莉　冯锦山　乔英俊　孙　宁　张海颖　张　毅　王婉佼
凤振华　曹子龙　王雪成　曹　静　苏田田　费文鹏　王　磊
孟令云　魏　明　周亚林　陈书雪　郭　祥　冯淑贞　边有钢
李　洋　刘　畅　任毅龙　喻　洁　杨金松　刘皓冰　熊　文
熊　璐　史天泽　孙坚添　毕清华　王　双　董　娜　文　涛
严义斌　秦洪懋　王晓晶　陈志阳　王宝春　孟春雷　余　静
范爱龙　杨斯淞　张伟伟　苏岳龙　赵　毅　胡　星　王金星
王熤林　张依清

总 序

中国政府矢志不渝地坚持创新驱动、生态优先、绿色低碳的发展导向。2020年9月，习近平主席在第七十五届联合国大会上郑重宣布，中国“二氧化碳排放力争于2030年前达到峰值，努力争取2060年前实现碳中和”。2022年10月，党的二十大报告在全面建成社会主义现代化强国“两步走”目标中明确提出，到2035年，要广泛形成绿色生产生活方式，碳排放达峰后稳中有降，生态环境根本好转，美丽中国目标基本实现。这是中国高质量发展的内在要求，也是中国对国际社会的庄严承诺。

“双碳”战略是以习近平同志为核心的党中央统筹国内国际两个大局作出的重大决策，是我国加快发展方式绿色转型、促进人与自然和谐共生的需要，是破解资源环境约束、实现可持续发展的需要，是顺应技术进步趋势、推动经济结构转型升级的需要，也是主动担当大国责任、推动构建人类命运共同体的需要。“双碳”战略事关全局、内涵丰富，必将引发一场广泛而深刻的经济社会系统性变革。

2022年3月，国家发布《氢能产业发展中长期规划（2021—2035年）》，确立了氢能作为未来国家能源体系组成部分的战略定位，为氢能在交通、电力、工业、储能等领域的规模化综合应用明确了方向。氢能和电力在众多一次能源转化、传输与融合交互中的能源载体作用日益强化，以汽车、轨道交通为代表的交通领域正在加速电动化、智能化、低碳化融合发展的进程，石化、冶金、建筑、制冷等传统行业逐步加快绿色转型步伐，国际主要经济体更加重视减碳政策制定和碳汇市场培育。

为全面落实“双碳”战略的有关部署，充分发挥科协系统的人才、组织优势，助力相关学科建设和人才培养，服务经济社会高质量发展，中国科协组织相关全国学会，组建了由各行业、各领域院士专家参与的编委会，以及由相关领域一线科研教育专家和编辑出版工作者组成的编写团队，编撰“双碳”系列丛书。

丛书将服务于高等院校教师和相关领域科技工作者教育培训，并为“双碳”战略的政策制定、科技创新和产业发展提供参考。

“双碳”系列丛书内容涵盖了全球气候变化、能源、交通、钢铁与有色金属、石化与化工、建筑建材、碳汇与碳中和等多个科技领域和产业门类，对实现“双碳”目标的技术创新和产业应用进行了系统介绍，分析了各行业面临的重大任务和严峻挑战，设计了实现“双碳”目标的战略路径和技术路线，展望了关键技术的发展趋势和应用前景，并提出了相应政策建议。丛书充分展示了各领域关于“双碳”研究的最新成果和前沿进展，凝结了院士专家和广大科技工作者的智慧，具有较高的战略性、前瞻性、权威性、系统性、学术性和科普性。

2022 年 5 月，中国科协推出首批 3 本图书，得到社会广泛认可。本次又推出第二批共 13 本图书，分别邀请知名院士专家担任主编，由相关全国学会和单位牵头组织编写，系统总结了相关领域的创新、探索和实践，呼应了“双碳”战略要求。参与编写的各位院士专家以科学家一以贯之的严谨治学之风，深入研究落实“双碳”目标实现过程中面临的新形势与新挑战，客观分析不同技术观点与技术路线。在此，衷心感谢为图书组织编撰工作作出贡献的院士专家、科研人员和编辑工作者。

期待“双碳”系列丛书的编撰、发布和应用，能够助力“双碳”人才培养，引领广大科技工作者协力推动绿色低碳重大科技创新和推广应用，为实施人才强国战略、实现“双碳”目标、全面建设社会主义现代化国家作出贡献。

中国科协主席　万　钢

2023 年 5 月

前 言

为全面落实党中央、国务院关于“2030碳达峰与2060碳中和”工作的重大战略部署，服务党和国家“双碳”工作大局，推动交通领域智能绿色低碳转型，加快建设交通强国、构建现代化综合交通体系，围绕《中共中央　国务院关于完整准确全面贯彻新发展理念做好碳达峰碳中和工作的意见》、国务院印发的《2030年前碳达峰行动方案》、交通运输部印发的《绿色交通“十四五”发展规划》等重要文件，依据中国科学技术协会“双碳”系列丛书总体部署，中国汽车工程学会自2022年10月开始着手组织编写《智能低碳交通导论》。

本书以低碳交通系统为核心支撑，通过智能化赋能构建智能低碳交通体系，凝练了“智能低碳交通”体系内涵，梳理了发展目标与总体路径，提出了发展政策与措施，为推动“双碳”目标实现贡献智慧与力量。本书共分为9章，内容涵盖智能低碳交通的概念、内涵、国际发展借鉴、我国发展基础与展望、目标及总体路径、绿色高效交通运输体系、智能低碳交通基础设施建设、智能低碳交通工具发展、绿色低碳出行方式推行以及我国智能低碳交通发展政策措施，全面系统地介绍了智能低碳交通的发展现状、挑战和前景。

第1章介绍了智能低碳交通的概念和内涵，强调了推动绿色低碳转型的技术支撑和引领性作用的重要性。第2章从美国、欧盟、日本等发达国家和地区的交通运输领域出发，分析了其碳排放特点、低碳交通政策以及智能低碳交通技术。第3章则从我国交通运输发展历程出发，介绍了智能低碳交通发展需求与展望，为科学制定智能低碳交通发展目标和实现途径奠定基础。第4章系统提出了智能低碳交通发展的思路及目标，并在此基础上提出了包括构建绿色高效交通运输体系、推进智能低碳交通基础设施建设、发展智能低碳交通工具和推进绿色低碳出行方式在内的实现智能低碳交通发展的总体路径。第5章从优化调整大宗货物交通运输结构、推广高效运输组织模式、建设智慧物流体系方面，介绍了构建绿色高效交通运输体系的重要性。第6章则从交通基础设施智能化的角度，介绍了绿色交通基础设施建设和低碳型智能交通基础设施应用的重要性。第 7 章具体介绍了包括交通运输工具的电动化和新能源化、智能化和网联化在内的先进适用的低碳智能技术和产品。第 8 章着重介绍了推行绿色低碳出行方式的重要性，完善绿色出行体系是智能低碳交通发展的重大战略选择。第 9 章提出了保障措施和政策建议，为我国智能低碳交通发展提供有力的政策支持。

本书为系统推进智能低碳交通运输体系建设提供有力的支持和指导，对促进我国交通领域的可持续发展具有重要指导意义。本书在编写过程中得到相关领导和行业专家的高度重视，本书由中国工程院副院长钟志华院士主编；中国工程院李骏院士，中国工程院丁荣军院士，中国汽车工程学会常务副理事长兼秘书长张进华，同济大学汽车学院教授、国家智能型新能源汽车协同创新中心主任余卓平，东南大学党委常务副书记刘攀，交通运输部科学研究院副院长兼总工程师王先进等专家牵头，秉承科学、客观、实用的原则，力求做到全面、系统、前瞻。

交通运输领域是碳排放的重要领域之一，加快交通运输行业绿色低碳转型，对于助力实现“双碳”目标、推动行业高质量发展和促进我国可持续发展具有十分重要的意义。希望本书能够为政府决策提供参考、为科学研究提供方向、为企业提供引导。欢迎广大专家和读者不吝指正。

钟志华

2023 年 5 月

目 录

第 1 章　智能低碳交通的概念与内涵

结合党中央、国务院关于“双碳”的战略需求，充分发挥标准推动绿色低碳转型的技术支撑和引领性作用，本章介绍了智能低碳交通的概念、内涵和发展智能低碳交通的重要意义。

1.1　智能低碳交通的概念

智能低碳交通是我国未来的发展趋势。《交通强国建设纲要》中指出，要推动交通发展由追求速度规模向更加注重质量效益转变，由各种交通方式相对独立发展向更加注重一体化融合发展转变，由依靠传统要素驱动向更加注重创新驱动转变，构建安全、便捷、高效、绿色、经济的现代化综合交通体系，打造一流设施、一流技术、一流管理、一流服务，建成人民满意、保障有力、世界前列的交通强国，为全面建成社会主义现代化强国、实现中华民族伟大复兴中国梦提供坚强支撑。

智能低碳交通是指以较低（更低）的温室气体（二氧化碳为主）排放为目标，将先进的信息和通信、传感、控制、交通组织、人工智能与大数据等技术有效地集成运用于交通基础设施网、运输服务网、能源网与信息网，融合发展整个交通管理系统而建立的一种在大范围内、全方位发挥作用的，实时、准确、高效的综合交通运输管理系统。该系统有利于降低能源消耗、减轻环境污染、提高交通运输效率、缓解交通阻塞、减少交通事故，从而使得人享其行、物畅其流。

广义来说，智能低碳交通的核心目标是人工智能助力节能减排。首先，低碳交通是一种行为方式，包括生产行为和消费行为。从生产角度上说，体现在生产管理领域中，可以通过提高交通运输生产力、优化综合运输体系资源配置、提升交通运输组织效率、提高运载工具效能等途径实现低碳交通；从消费角度上说，体现在人们的日常交通出行中，例如城市内部因地制宜建设温馨舒适的步行、自行车系统，重视独立设置的绿道，推进慢行系统与城市公交系统的衔接，促进公共交通、高铁系统与电动汽车、慢行出行相结合的方式。其次，人工智能技术也是实现低碳交通的关键技术依托，通过面向低碳智慧交通信息共享场景，针对交通信息时效性和分散性等关键性挑战，构建实时交通信息交易市场框架，建立起一种大范围内、全方位发挥作用的智能低碳综合交通系统，已经成为我们国家的战略目标。

1.2 智能低碳交通的内涵

智能低碳交通是智能化技术赋能低碳交通的产物，具体来说是将智能化技术搭建的智能交通管理、用户服务、道路管理、交通控制等系统与低碳交通的各个组成部分深度融合，实现运输体系、基础设施建设、交通工具以及出行方式四个方面的低碳化和智能化水平提升。因此，智能低碳交通具有如下四个基本特征。

1.2.1 利用互联网、区块链、超级计算等技术构建绿色高效交通运输体系

充分考虑大数据、区块链等技术，优化大宗货物的交通运输结构，加快运输结构“公转铁，铁转水”趋势。充分考虑超级计算、云控平台等技术，赋能低碳交通运输实现“公、铁、水、空”多种运输模式的智慧组织和调度，并结合人工智能技术建设智慧物流网络和配送体系，实现货物的高效、低碳运输。

1.2.2 利用大数据、云计算等技术推进智能低碳交通基础设施建设

在大力发展“绿色新基建”（如城际高速铁路、轨道交通、充电基础设施）时，通过人工智能、大数据和云计算技术实现智慧城市和智慧交通建设的整体规划调度、运营管理。此外，还需结合智能网联技术加快智能低碳交通关键技术在车路协同、智慧充电、智慧监控等具体领域的应用与落地。

1.2.3 电动化技术、新能源技术和智能网联技术助力智能低碳交通工具的发展

加快电动化技术和新能源技术在交通运输领域（如铁路、船舶、飞机、汽车等）的广泛应用；逐步解决智能网联技术在交通运输工具应用中的难点与挑战，最终实现智能、低碳的铁路运输、船舶运输、航空运输和汽车生态驾驶。

1.2.4 利用数据共享、科学引导和宣传等手段推行绿色低碳出行方式

充分考虑城市未来发展战略和当前出行状况，构建多层次城市交通出行系统，大力推广慢行交通和新能源交通。联合出行信息服务平台，通过交通大数据实时制定低碳出行方案，实现智慧、绿色、可定制化出行。构建碳排放审计体系，实时计量、评判每一城市用户的碳排放量，并允许用户进行碳积分交易，依据个人碳积分进行奖惩，促进用户选择更低碳的出行方式。

1.3 智能低碳交通发展的重要意义

1.3.1 服务“双碳”战略，促进交通领域发展

交通行业是我国三大碳排放主要来源之一，交通部统计数据显示，2020 年我国交通领域碳排放 9.3 亿吨，占全国碳排放的 15%，而在整个交通领域中，道路交通碳排放占 90%。在“双碳”战略背景下，发展智能低碳交通是缓解交通运输领域巨大减排压力的有效路径，是推动交通领域绿色低碳转型的必然选择，是加快建设交通强国、构建低碳经济的现代化综合交通体系的有力抓手，智能低碳交通的发展对于交通领域具有深远的历史意义和重大的现实意义。

1.3.2 推动低碳经济发展，实现全产业链低碳转型

智能低碳交通与低碳经济一脉相承，是低碳经济的重要组成部分。近年来，交通运输部深入开展绿色省、绿色交通城市等区域性试点，以及绿色公路、绿色港口、绿色交通运输装备等主题性试点示范工程建设，有效地调动了全行业推进智能低碳交通运输体系建设的积极性和创造性；持续开展“车、船、路、港”千家企业低碳交通运输专项行动，充分发挥了重点企业作为交通运输在低碳经济发展中的主体作用。智能低碳交通应在交通运输规划、运行和管理的各个环节全面关注碳排放问题，通过合理引导运输需求，优化运输装备、运输结构和用能结构，提高营运与能源效率，并从政策导向、技术创新、社会伦理、文化理念等方面共同并最大限度地减少碳排放总量，最终实现交通运输全周期、全产业链低碳发展。

1.3.3 完善智能低碳系统制度，向全社会渗透低碳理念

近年来，我国交通运输低碳发展政策制度和管理体系逐步完善，为智能低碳交通奠定了制度与管理基础。目前，已形成由交通运输部管理国家铁路局、中国民用航空局、国家邮政局组成的大部门管理体制架构。智能低碳交通的发展，有

利于促进相关法律法规、规章体系不断完善，用严格的制度与严密的法治保护生态环境。宣传智能低碳交通理念，通过积极倡导居民树立低碳交通发展理念来降低城市交通的碳排放量。以广泛宣传和开展多种活动的方式，对公民进行低碳教育，倡导公民养成低碳出行的良好习惯。依靠政府、社会、企业和个人的共同努力，将智能交通低碳化发展理念渗透到行业中去，实现低碳社会效应。

第 2 章　发达国家智能低碳交通发展借鉴

目前，全球已经有 50 多个国家实现了碳达峰。本章分析美国、欧盟、日本等典型国家和地区交通运输领域碳排放特点、低碳交通政策以及智能低碳交通技术，梳理其推进智能低碳交通发展的举措与经验，为中国交通运输行业的智能低碳发展提供借鉴和启示。

2.1　美国智能低碳交通发展

2.1.1　美国交通运输碳排放特点

在美国，交通运输行业二氧化碳排放量在 2007 年达到峰值后，在波动中呈现下降趋势（图 2.1）。2016 年交通运输业首次超越电力行业，成为美国温室气体排放的最主要来源。2020 年因疫情影响，美国交通运输行业二氧化碳排放相比 2019 年下降了 15%。

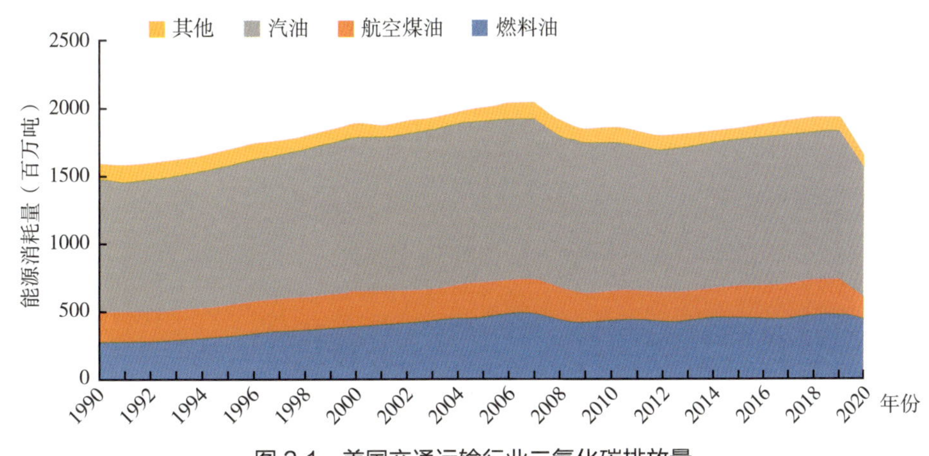

图 2.1　美国交通运输行业二氧化碳排放量

汽车是美国交通运输行业的最大排放源。2020 年，汽车和其他公路车辆的汽油消耗的碳排放占交通运输总碳排放的 58%，柴油消耗排放占 26%，航空用油排放占 10%。美国一直以来就是汽车耗油高的国家，其生产的汽车一直以大排量为特点。2000 年起，随着纯电动车和油电混合动力车（特别是插电混动车）销量不断增长，多重因素推动美国私家车能效增长，私家车单位能耗呈现逐年下降趋势；美国客运航空通过减重、停飞油耗过高的飞机、规定旅客为第二件行李缴费等措施降低油耗，实现航空业单位能耗逐年降低；从图 2.2 中可以看出，公交车单位能耗呈现 5 年的周期性波动，一般客车市场的销量周期也为 5 年左右，美国公交车单位能耗周期性波动与换车周期基本吻合；美国发达的工业化程度和高度的私人汽车拥有量以及便捷的高速公路网，使其居民出行更多地依靠高速公路，加上美国铁路设施的逐渐老化，加速了美国铁路运输单位能耗的逐年上升。

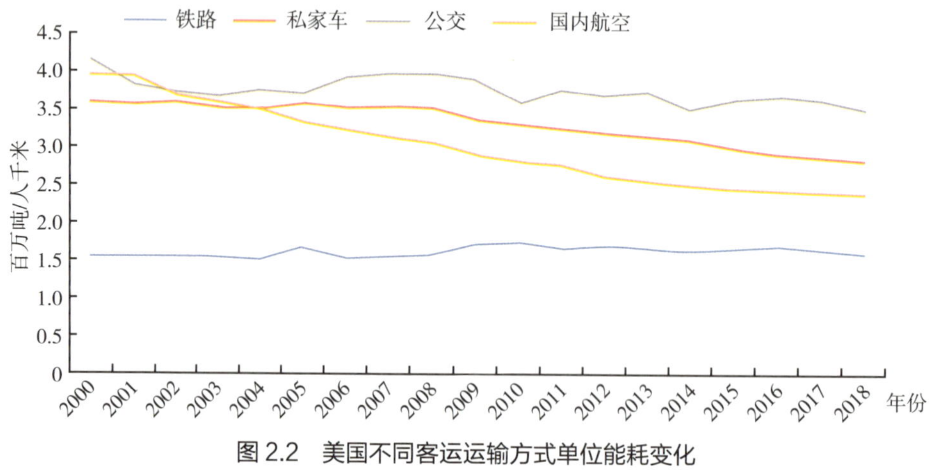

图 2.2　美国不同客运运输方式单位能耗变化

2.1.2　美国低碳交通发展的政策路径

美国交通长期战略的核心就是扩大新的交通技术应用，包括在轻型、中型和重型汽车中迅速推广零排放车辆。为此，美国设定目标，将继续增加交通领域的电力和低碳燃料替代，到 2030 年售出的所有新轻型汽车中，有一半是零排放汽车，并在 2050 年实现美国交通部门全面的电气化和低碳燃料替代。2021 年美国公布的 2.25 万亿美元基建计划中，提出建设全国电动汽车充电网络，到 2030 年在全美建设至少 50 万座充电站。另外，计划还包括对电动汽车行业投资 1740 亿美元，并将国内中小学 20% 的校车由燃油车改为电动车。此外，拜登政府重新启动对太阳能电池板、风力涡轮机、燃料电池和其他清洁能源设备制造商的普遍税收减免，此措施可刺激中产阶级的电动汽车生产和消费，从生产端引导载运工具制造商的电动化转型。

美国低碳交通发展的政策路径主要有以下两点。一是针对现有机动车碳排放量高的情况，提高汽车燃料排放标准。针对轻型车，在排放标准方面，2011 年美国环保局和国家公路交通安全管理局共同制定了轻型车辆温室气体排放和燃油经济性标准。2020 年 4 月，美国环保局和国家公路交通安全管理局修改相关标准，制定了《安全和可负担的燃油效率车辆规则》，设定了严格而可行的标准，并规定 2021—2026 年二氧化碳排放标准每年提高 1.5%。2021 年年底，美国环保局提出将燃料排放标准收紧至每加仑汽油平均行驶约 40 英里（64.37 千米），该标准将于 2023 年生效并持续到 2026 年，这是美国有史以来提出的最严格的燃油经济性标准。二是在航空方面，美国正在设定 2050 年净零航空排放目标。2021 年美国航空协会承诺与美国政府合作，促进航空技术、可持续航空燃料、运营和基础设施的发展。另外，美国政府已经承诺到 2030 年将航空排放量降低 20%。

2.1.3 美国智能低碳交通技术

2.1.3.1 美国 IntelliDrive 计划

IntelliDrive 计划是美国运输部从单一的 5.9G DSRC 通信技术转而考虑采用其他途径（如手机宽带无线通信、WIMAX、卫星通信等方式）建立开放式通信平台，为车辆提供无缝的通信服务。IntelliDrive 提供的服务重点在车辆主动安全方面，同时兼顾多种运输方式和出行模式的解决方案，为驾驶员提供动态、连续的服务。其中，实时性和可靠性要求较高的车辆主动安全服务将主要通过 DSRC 专用通信技术来实现，而实时性要求相对一般的出行服务则通过 3G、4G、WiFi 等公共通信技术实现。保证车与车、车与路侧、车与管理中心等主体之间的连接的方便性。IntelliDrive 计划核心是在车 – 车（Vehicle-to-Vehicle，V2V）、车 – 路（Vehicle-to-Infrastructure，V2I）或车 – 手持设备之间支持高速传送网络，以实现更安全、高效的应用。

2.1.3.2 美国 511 交通信息服务系统

美国 511 交通信息服务系统由政府有关部门运作，并提供有线、无线电话信息服务；当地州、运管部门要确定交通信息系统的贯彻与应用及该系统的成本回收；联邦、州及当地交通管理部门确定所提供信息的类型。511 交通信息服务系统在 2001 年 1 月开始执行，由美国高速公路及交通公务员协会、美国公共交通协会、美国智能交通协会共同建立 511 交通信息服务系统应用联盟，这个联盟由一个信息委员会和一个执行委员会组成。信息委员会主要任务是提供有关如何更好发展该系统的指导性建议，而执行委员会主要是执行信息委员会的决议。

美国交通部通过发展 511 交通信息服务系统计划来游说各州公众机构发展区域乃至全国范围内的交通信息系统，以提供交通信息服务；同时，美国交通部帮助支付交通信息服务商在系统运作过程中的费用。

2.1.3.3 美国Ⅶ车路协调系统

美国Ⅶ车路协调系统是在车辆上装备通信设备以及 GPS 模块，通过车—车通信和车—路通信，以便与全国性的道路网进行数据交换，最主要的目的是通过车间与车路通信避免车祸发生，实现安全行车。

在Ⅶ系统架构中，适用范围包含私人轿车、计程车、公共车辆（巴士、轨道车辆）、货运车辆与公共安全车辆（救护车、消防车、警车等）。其发展方向为车载电子系统、车辆自动 / 辅助驾驶系统、驾驶人瞌睡警示，前车距离的先期预警、防撞预警、自动介入的安全设备，都通过若干传统汽车技术与资讯、通信科技完成。其中，主动式行车安全系统（如车载自我诊断系统、胎压检测装置、车道偏离警示系统与后方碰撞预警系统、驾驶人状况监测装置）通过车内网络彼此连接；各类即时道路交通、天气与行车娱乐信息则由车载影音娱乐系统整合统一控制，提供驾驶人与乘客所需的完整信息。

2.1.3.4 美国无线河流和智慧船闸

基于新一代无线通信网络技术，美国提出建立无线河流和智慧船闸的概念。

为协调美国海岸警卫队、美国航道经营公司、港口、美国陆军工程兵团等部门的各种应用系统，解决目前缺乏信息共享和集成、通信费用高、业务流程落后、设备多，而船舶自动识别系统（Automatic Identification System，AIS）功能有限、带宽小等问题，美国拟在下一代河流信息服务上采用物联网技术、WiFi、3G、WiMax 等接入方案，建立无线河流，就像用虚拟网络连接不同的系统，像胶水一样把水路系统涉及的方方面面粘连起来，实现水运的实时、高效、经济、安全。

2.2 欧盟智能低碳交通发展

2.2.1 欧盟交通运输碳排放特点

交通运输部门是欧洲碳排放的重要排放源。2013—2019 年欧盟交通运输业的碳排放量持续增加，在总排放中的占比也逐步提升，2019 年占欧洲碳排放总量的比例已达到 24%。2018—2019 年欧盟交通排放量增加了 0.8%。

由于新能源汽车的推广，欧盟 2020 年新注册的汽车碳排放量降幅较大。据欧洲环境署统计，2020 年在欧盟、冰岛、挪威和英国登记的新乘用车平均二氧化

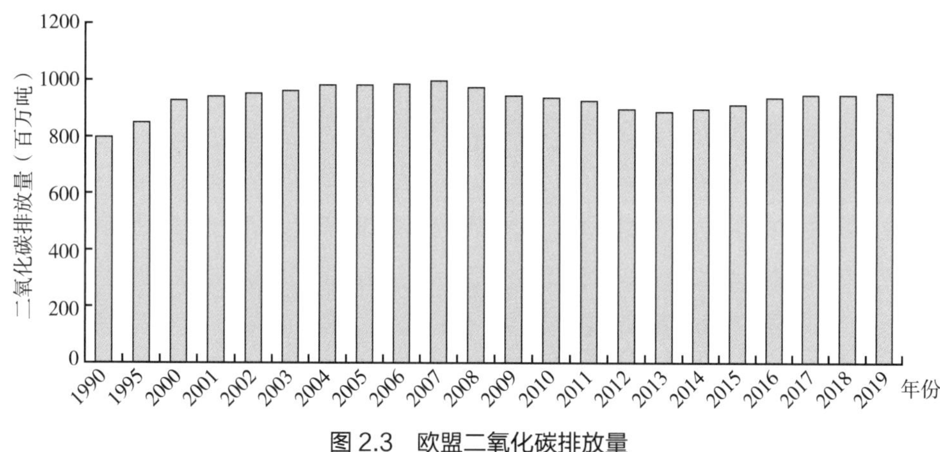

图 2.3 欧盟二氧化碳排放量

碳排放量为 107.8 克 / 千米，与 2019 年（122.3 克 / 千米）相比减少了 12%（此前，由于车辆重量增加和燃油车减排效果停滞，2015—2019 年的乘用车碳排放量没有显著变化，甚至在 2018—2019 年不降反升）。这一进步与欧盟电动汽车注册量不断增加有关，欧盟电动汽车注册份额从 2019 年的 3.5% 增至 2020 年的 11% 以上①，增长了两倍。2020 年在欧盟登记的 140 万辆新货车的平均二氧化碳排放量为 157.7 克 / 千米，与 2019 年相比降低了 1.5%。货车电气化方面进展有限，市场份额从 2019 年的 1.4% 增至 2020 年的 2.3% 左右②。乘用车和面包车分别约占欧盟二氧化碳总排放量的 12% 和 2.5%。

欧盟运输结构变化到一定阶段后保持基本稳定。在内陆货运方式中，欧盟 2009—2018 年的公路和内陆水道比例有所下降，铁路货运比例有小幅度上升。其中 2018 年欧盟内陆货运中公路运输占比达到 76.5%；其次为铁路运输，占比为 18.0%；5.5% 由内陆水运承担。

2.2.2 欧盟低碳交通发展的政策路径

欧盟主要提出了降低汽车碳排放、加速应用低排放可替代燃料、提升交通系统效率等低排放交通战略，同时注重利用市场机制，即通过碳排放交易市场机制推动交通运输行业碳减排。

一是制定排放标准与目标。欧盟各国制定了严格的汽车及货车排放标准，规定到 2035 年停止销售新的汽油、柴油和混合动力车型。欧盟把推动新能源汽车发展作为减排的主要抓手之一。2021 年欧盟公布的提案 *Fit for 55* 提出了减排目标，

---

① 包括 6% 的全电动汽车和 5% 的插电式混合动力汽车。

② 包括 2.2% 的全电动汽车和 0.1% 的插电式混合动力汽车。

到 2030 年欧盟注册的新款轿车排放量比 2021 年降低 55%，注册的新货车排放量降低 50%，自 2035 年起禁止销售包括混合动力车在内的汽油和柴油新车。同时规定各国政府加强车辆充电基础设施建设。

二是不断加大对零碳排放公交车的支持力度。欧洲投资银行与法国领土银行 2021 年宣布，将分别投资 1 亿欧元建立清洁公交共享投资平台，资助法国境内公交能源转型。2020 年德国向 80% 的电动公交车提供了财政补贴。波兰则宣布提供 2.9 亿欧元补贴，要求人口超过 10 万人的城市在 2030 年实现全部公交车零碳排放。

三是布局加氢站建设。2020 年 7 月，欧盟委员会正式发布了《气候中性的欧洲氢能战略》政策文件，在交通领域为氢燃料电池公交汽车和卡车建设更多加氢站，并围绕加氢站部署电解槽产能，在港口和机场等交通枢纽布局氢能制造及辅助基础设施。

四是增加可持续海运燃料和航空燃料的应用。促进海运可持续低排放燃料与零排放技术应用，到 2030 年可持续海运燃料比例达到 6%，2050 年达到 75%。可持续航空燃料（先进的生物燃料和电动燃料）具有显著减少飞机排放的潜力，然而这种潜力在很大程度上尚未开发，因为这种燃料只占航空部门总燃料消耗的 0.05%。欧盟提出到 2030 年可持续航空燃料比例达到 5%，到 2050 年达到 63%。

五是发展多式联运。欧盟委员会提出从 2021 年开始，改善并更好管理铁路和内河航道的运力，将内陆货运量中的 75% 转移到铁路和内陆水运，到 2050 年 95% 的客运服务和近 90% 的货运列车实现电气化。欧盟为此提出将创建一个全面运营的跨欧洲多式联运网络，为铁路、航空、公路、海运联运提供便利。欧盟将从 2021 年开始采取灵活的票务机制，到 2030 年建成一站式电子票务系统，以简化跨境票务服务。

六是发展智慧交通。欧盟计划到 2025 年在欧洲主要陆路交通线上实现不间断的 5G 网络覆盖，并推进整个交通运输网络的 5G 部署，为智能运输创造技术条件。在城市交通领域，欧盟加大部署包括车辆导航系统、智能停车系统、共享汽车、驾驶辅助系统等在内的智能交通系统。欧盟委员会将利用“连接欧洲基金”等融资工具，推动打造智慧交通运输管理系统与“出行即服务”解决方案。

七是扩大碳排放交易体系的覆盖范围。欧盟在 *Fit for 55* 中提出，将海运及公路运输纳入欧盟排放交易体系，支付二氧化碳排放配额费用，并减少无偿分配给航空公司的配额。欧盟航运贡献了全球交通运输领域超过 10% 的碳排放，因其运输距离远、运载量大等特殊性，电气化进程一直较缓慢。该提案提出从 2023 年开始将航运业纳入 EU-ETS，预计最初将针对 5000 总吨以上运输旅客或商业用途的货物船舶，包括该类船舶的空载航次。同时拟为道路运输的燃料分配设立一个单独的全新碳排放交易系统。

2.2.3 欧盟智能低碳交通技术

2.2.3.1 欧洲 RIS 系统计划

RIS 是河流信息服务（River Information Services）的缩写。它是欧盟为了提高内河航运的竞争力，加强水运与其他运输方式之间的无缝衔接，利用现代信息技术面向内河航运各环节用户提供协同的信息服务的统称。构建统一的 RIS 系统，可以促进欧洲内河航运信息系统的协同化与规范化，消除各国制度、法规不一致所带来的障碍，以保障内河跨国、跨区域航运的高效、经济与安全性，进而推动欧洲内河航运业整体发展，加速欧洲社会经济的深层次融合。

RIS 建立在现代信息技术基础上，集成了系列的航海技术创新，比如研发内河电子海图显示与信息系统、内河自动识别系统、基于互联网的多语种电子航行警告、船货数据的跟踪与跨国交换等，目前整合提炼出航道信息服务、通航信息、通航管理、法规应用实施服务、运输物流服务、应急救援、规费稽征、统计服务八大服务以及细化的 72 项功能。RIS 已经在多瑙河、莱茵河等国际河流的跨国界运输船舶监管、危险货物运输、河流桥渡与船闸等管理方面发挥了非常重要的作用。

2.2.3.2 欧洲 eCoMove 项目

2010 年欧盟开展了 eCoMove 项目，旨在利用车 – 车和车 – 路通信技术，通过高效节能的驾驶行为和交通管理、控制方法，减少全部交通燃油能耗量的 20%。项目的核心概念是建立一个“完美节能驾驶技术”在“完美节能管理”的路网上行驶可达到的理论最低能耗值，目标全面集中在道路运输过程中可避免的额外能耗方面，即低效率的路径选择、驾驶形态及交通管理和控制。

eCoMove 项目着力解决目前三种低效的交通现象：低效的路线选择、低效的驾驶行为、低效的交通管理和控制。首先，通过优化行车路线，减少不必要的行驶里程；其次，帮助优化驾驶员驾驶行为；最后，提高交通管理和控制效率，建立生态友好型交通管理和控制系统。eCoMove 项目的创新之处在于通过协同技术将其与远程信息处理系统进行集成，并使浪费的燃油最少和能量效率最大。

2.2.3.3 自动化集装箱码头系统

在 20 世纪 80 年代中期欧洲劳动力成本昂贵且熟练劳动力匮乏的地区，自动化运转集装箱码头首先受到关注。鹿特丹港的 Delta Sealand 集装箱码头作为世界上第一个自动化集装箱码头于 1993 年投产。欧洲联合码头在总结 Delta Sealand 自动化运转集装箱码头建设和使用经济的基础上，相继于 1997 年和 2000 年建成了 DDE 自动化运转集装箱码头和 DDW 自动化运转集装箱码头。

为适应稳定提高大型船舶的作业效率和服务水平、减少人力资源成本、提高码头竞争力的需要，并考虑集装箱码头自动化设备及控制软件的发展趋势，全自动化集装箱码头系统的建设一般采用当前最先进的自动化集装箱装卸作业设备，实现码头的自动化运转。使用的主要智能化技术装备包括自动化、智能化的码头内集装箱水平运输设备和自动化的集装箱堆场作业设备。

2.2.3.4 欧盟碳交易体系

欧盟温室气体排放交易体系是目前世界上最大的碳市场，作为一个典型的总量控制与交易体系，它的建立帮助欧盟成员国以一种经济有效的方式实现其限制或减少温室气体排放的承诺，使欧洲成为国际气候问题的行动先锋和领导者。欧盟在 2009 年通过航空指令 2008/101/EC，在 2012 年将航空业纳入碳排放交易机制。航空碳交易范围涉及所有在欧盟境内起飞和降落的航班，政策执行过程中的主体主要涉及欧盟委员会、航空运营商、成员国主管部门以及核查机构。政策实施过程包括配额分配和排放交易两个重要步骤。欧盟航空碳交易政策依据 MRV（监测、报告与核证）制度执行，根据计划，航空公司每年可免费获得部分排放配额，超额排放部分须通过购买碳排放权进行抵消。政策设有惩罚机制，超出免费配额的排放按每吨 100 欧元罚款。2013—2020 年，82% 的配额免费分配，15% 的配额通过拍卖分配，另有 3% 作为预留配额。欧盟本土航班已于 2012 年 1 月 1 日起正式加入欧盟温室气体排放交易体系。但在国际航班方面，由于受来自美国、俄罗斯、中国等国家的压力，欧盟于 2013 年 3 月决定暂停对国际航班实施欧盟温室气体排放交易体系相关要求。

2.3 日本智能低碳交通发展

2.3.1 日本交通运输碳排放特点

日本交通运输业碳排放量除 1981 年和 1982 年出现短暂的小幅下降之外，其余年份均保持增长态势，并在 1997 年达到近半个世纪以来的最大值（约为 1960 年的 8 倍）。一方面为支持节能环保汽车的生产、激励用户购买和使用节能低排汽车，日本政府出台了相应的税收减免政策，制定严格的排放标准，广泛应用智能交通系统提高燃油效率，使私家车单位能耗总体上呈现下降趋势；另一方面公交企业为提高服务水平、提高车辆配置和舒适度，造成能耗增加，公交单位能耗上升（图 2.4）。

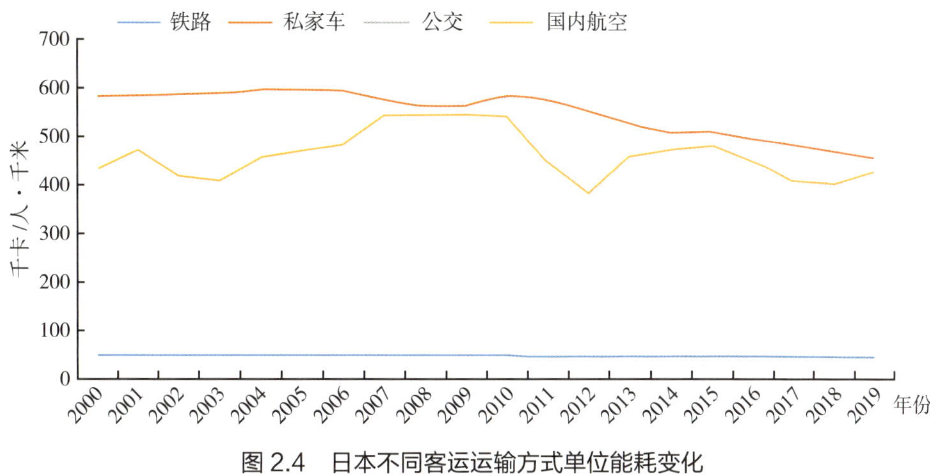

图 2.4　日本不同客运运输方式单位能耗变化

在货运运输方面，日本民航、铁路、水路运输随着运输工具技术进步，单位能耗逐年下降；而公路运输随着工业结构的变化，单位能耗相较于 2000 年并没有显著变化（图 2.5）。

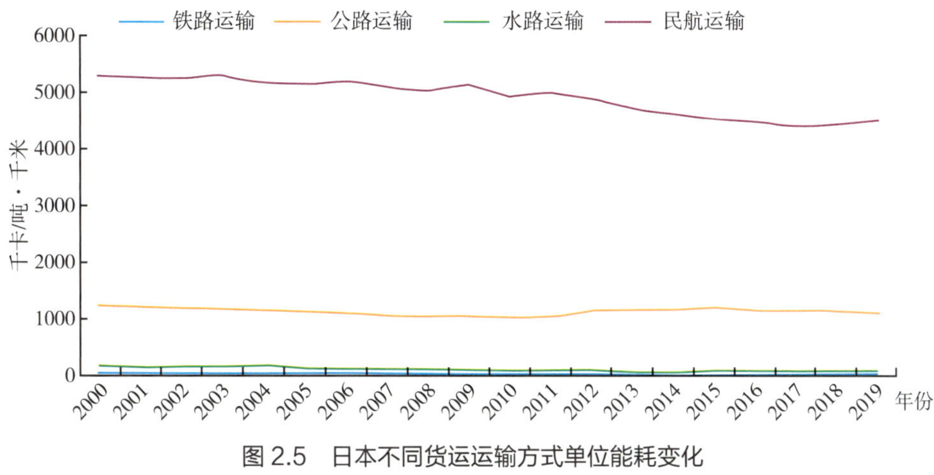

图 2.5　日本不同货运运输方式单位能耗变化

2.3.2　日本低碳交通发展的政策特征

2020 年年底日本政府发布碳中和路线图，提出 2050 年实现净零排放的总目标，在交通行业推动氢能研发，2030 年、2050 年运输领域氢能消费量分别提升至 1000 万吨和 2000 万吨。日本在交通运输领域实施了领跑者制度、智能交通技术、调整运输结构等措施，并辅以财税激励政策，取得了很好的效果。

一是推行“领跑者制度”。1999 年日本开始推行“领跑者制度”，综合市场和科技进步等因素，制定新的燃油经济性和排放标准，并对每辆车实行标签制，使国内汽车的燃油经济性与二氧化碳排放得到明显改善。同时，对于混合动力、纯电动和天然气等新能源小汽车的发展也十分重视，对购买低能耗、小排量汽车的顾客实行税收减免政策。

二是应用智能交通系统，缓解交通拥挤。车辆在拥挤状态中排放的二氧化碳要远高于高速行驶中二氧化碳的排放量。一般汽车平均时速 20 千米时，二氧化碳排放量比时速 40 千米时高 30%，比 60 千米时高 60%以上。日本早在 20 世纪 70 年代就开始了智能交通系统的研究，可根据交通流量和实时交通监控对信号做出相应调整并向驾驶员提供准确的道路信息，通过交通疏导提高了运行效率。当前日本运输规模基本稳定，交通路网已经十分完善，通过大规模改善交通基础设施来提高运输速度的空间已经很小，目前主要通过广泛应用智能交通系统提高道路使用效率。如通过采用道路交通信息通信系统、电子不停车收费等智能交通技术，提高车辆行驶速度，减少交通拥挤状况，进而提高燃油效率、实现交通减排。

三是优化交通运输结构，发展多式联运。公路运输占日本国内运输总量的 50%以上，单位公路运输的碳排放大于其他运输方式（如铁路、内陆水运），公路运输的碳排放占物流业碳排放总量的 90%。2016 年日本国土交通省颁布《土地、基础设施、运输和旅游白皮书》，在交通运输部门优化物流运输结构。在保证国内物流持续性的同时减少二氧化碳排放量，日本除了提高公路的能源效率和运输效率，还积极使用铁路、水运等高效节能的运输方式。为了建立一个对环境影响较小的物流系统，日本政府提倡发展多式联运，通过运输方式转换的方式降低运输业的温室气体排放。

四是优先发展公共交通，提供公共交通出行便利性。公共大客车单位运输量的二氧化碳排放仅有私人汽车的 30%左右，轨道交通的排放量更低。发展公共交通有助于实现交通的节能减排。东京、大阪等大城市具有发达完善的公共交通系统，但即使如此，日本政府和各城市仍然努力发展公共交通，改善既有铁路和公交系统换乘的便利性，通过提高便利性和服务质量吸引更多的私人汽车出行转向公共交通系统或自行车等绿色出行方式。

2.3.3 日本智能低碳交通技术

2.3.3.1 车路协同系统

日本车路协同系统技术研发与合作运营齐头并进，重点布局物流运输和弱势群体服务示范。日本最初的自动化操作研究是在 20 世纪 60 年代由机械工程实验室进行的，从 2007 年开始在冲绳县进行自动公交车示范试验，2013 年开展了重型自动化卡车操作和能源 ITS 项目排放测试。2014—2018 年政府以公私合作的方式推动跨部门创新促进战略计划（SIP）“车路协同系统”，从 2018 年起政府开始在新成立的 SIP 二期“车路协同系统和服务拓展”下进行研发和示范试验等工作。

一是开展基础技术研发与合作运营。SIP 与私营企业主要在自动化操作系统的开发与验证、促进国际合作、提高基础技术减少交通事故和交通拥堵、发展新一代城市交通等四个方面开展基础技术研发和机构运营方面的合作。

二是开展车路协同应用示范。①推动基于车路协同车辆的物流运输示范。日本物流车辆编队系统主要在实现后续无人驾驶车辆编队系统商业化和基于无人驾驶车辆编队系统的扩散响应两个阶段展开研究，在 2021 年实现“商业化后的高速公路载人车辆编队系统”，2022 年之后发展“商业化的高速公路无人驾驶车辆编队系统”。②推动弱势群体车路协同服务示范。通过车路协同车辆自动化操作，保障丘陵地区的老龄化人群的交通安全及物流运输需求。日本国土交通省对有老龄化人群居住的丘陵地区进行测试，以路侧基站等区域为中心的自动化操作为例，在车路协同中增加光学导航系统来识别路面上的平整度折线，从而增强丘陵道路驾驶的安全性，保障弱势群体出行安全和物流运输需求。

2.3.3.2 ETC 2.0 服务

日本 ETC 2.0 是世界上第一个通过 DSRC 实现高容量双向通信的车路协同系统，由车辆导航系统、道路交通信息通信系统及电子不停车收费整合而成，通过车辆与道路协作提供更舒适的驾驶体验。截至 2019 年，日本 ETC 利用率已达 92%，ETC 2.0 使用约 175 万台 / 日，利用率从 2016 年不到 2% 增加到 2019 年 20.2%，并保持快速增长趋势。

与此同时，为拓展 ETC 2.0 服务领域，日本广泛采纳公众智慧，通过与用户数据相互应用和与其他交通相关数据进行组合，从而加强地区移动性服务。采集到的对 ETC 2.0 服务方案的公众提案，包括在旅游区安装 ETC 2.0 便携式路侧机、通过道路交通拥堵预测实现良好的停车诱导等服务。

与以往的电子不停车收费相比，日本的 ETC 2.0 系统不仅可以实现自动收费，还能依托路侧机和车载器收发大量信息，实现道路信息实时交互、最佳出行线路规划等功能，同时为交通拥堵、交通安全、道路收费等政策制定提供支撑作用。一是拥堵避免辅助功能。通过费率调控车辆路径，为驾驶员提供实时道路交通信息，减少交通拥堵和交通事故，提高运输效率。例如在日本都市圈提供 1000 千米区域范围内的详细道路交通拥堵信息，使与 ETC 2.0 兼容的车载设备能够灵活地选择最优出行路线。二是安全驾驶辅助功能。收集车辆行驶信息，提供出行时间最短、费用最低、对环境影响最小的出行线路。如大都会 Sangubashi 弯道或隧道出口的末端，通过与 ETC 2.0 链接的汽车导航系统提前告知驾驶员道路交通拥堵信息，减少了将近 60% 的近距离、可见度较差区域事故的发生。

2.3.3.3 智能交通系统技术应用

智能交通系统技术应用是指在车路协同和 ETC 2.0 的基础上，通过交通诱导系统、辅助驾驶系统、逆向行驶预警等方面的先进技术和通信系统，实现路网运行效率最大和安全辅助驾驶。

一是交通诱导系统将交通拥挤和交通管制等实时信息以文字、简易图形、地图等方式动态发布，使驾驶员及时接收到道路交通信息。车辆信息与通信系统是一项为汽车导航系统提供道路交通信息的服务，而 ETC 2.0 就是其中之一，传统的无线电信标 2.4 吉赫频段于 2022 年 3 月底停止服务，之后使用 5.8 吉赫频段并被集成到 ETC 2.0 中。

二是通过辅助安全驾驶系统的技术应用为驾驶员提供驾驶信息，以实现安全辅助驾驶。在全国部署驾驶安全辅助系统之前，日本于 2009 年 2 月在东京新滨水副中心区实施了大规模的 DSSS 验证测试和演示。随后，部署的系统在东京、埼玉、枥木、爱知县和广岛的 17 个地点开始运行。2011 年 7 月，下一代 DSSS 在东京和神奈川的 15 个地点开始运行。

三是通过应用高速公路对逆向行驶技术，实现到 2020 年高速公路逆向行驶零事故的目标。日本分别从道路运营方、驾驶员、车辆三个层面的硬件和软件实施针对逆向行驶的措施。企业从 2018 年开始研究针对高速公路对逆向行驶技术，包括路侧检测逆行并收集相关信息的技术、通过路侧设备给逆向行驶驾驶员提供警告、通过车载设备给逆向行驶驾驶员提供警告。

2.4 对我国智能低碳交通发展的启示

尽管当前我国和典型发达国家运输所处的发展阶段及其主要特征不同，但我国交通运输发展与这些国家也有相似的发展路径，这些国家交通运输低碳发展历程、一般规律以及经验教训无疑对我国具有重要的借鉴意义。

2.4.1 交通运输碳排放量达峰后下降，之后又缓慢增长

20 世纪 90 年代以后，美国、欧盟等交通运输业二氧化碳（温室气体）排放量的变化趋势整体一致，都经历了先增加后减少又缓慢增加的过程。

1990—2007 年美国交通运输业碳排放量整体呈增长趋势，并在 2007 年达到峰值，之后慢慢回落，然后再继续增长。从总体趋势来看，1990—2018 年美国交

通运输排放总量增长很大程度上是由于旅游需求增长，其间轻型汽车（乘用车和轻型卡车）的车辆行驶里程增加了 46.1%，这是一系列因素综合作用的结果，包括人口增长、经济增长、城市扩张和低油价时期等。

交通运输部门在不少发达国家已成为最大的碳排放部门。2016 年美国交通运输部门首次超过电力行业成为第一大碳排放部门。2018 年美国交通运输部门二氧化碳排放占全国二氧化碳总排放量的 33.1%，英国占比同样达到 33%。

相比而言，我国交通运输部门碳排放量仍然在快速增长，二氧化碳总排放量的占比显著低于发达国家，预计未来一段时期将会呈现较快增长态势。为此，交通运输部门需采取有力措施尽快实现碳排放达峰。

2.4.2　客运碳排放强度下降难度较大，而货运仍有较大减排空间

当前我国客运碳排放强度低于发达国家，主要原因在于我国是世界第一人口大国、发展中国家、高客流密度交通大国等基本国情，现阶段我国旅客运输服务运输实载率相对较高，且在安全性和舒适性方面与国外先进水平相比还有差距，铁路、城市公共交通、城乡与农村客运等高峰时段运输处于饱和状况甚至超载现象等。从各国客运碳排放强度变化趋势来看，随着出行便捷性、舒适性需求的不断提高，客运单位能耗可能呈上升态势，进而导致碳排放强度不断上升。因此，从国际经验和趋势判断来看，客运碳排放强度下降的空间相对较小、难度较大，未来客运发展需要统筹考虑节能减排与提升服务质量，在两者之间力求实现权衡。未来引导公众形成合理消费模式、提升绿色出行比例将成为关键之举。

从世界主要发达国家或地区货运碳排放强度的变化趋势来看，美国、日本、欧盟等货物运输的碳排放强度呈不断下降态势，而且普遍降幅较大。例如欧盟道路货运碳排放强度的整体水平在 2000—2015 年下降了 6.3%，年均降幅为 0.5%。国外经验表明，即使是国际上货运物流业发达国家，其节能减碳仍然大有潜力可挖。未来我国应将发展现代物流、提高运输组织化程度和运输效率以及促进货车技术减排作为主攻方向，着力降低货运能源强度，减少碳排放。

2.4.3　战略引导、运输结构优化、交通模式集约化、低碳科技创新等是实现交通运输低碳发展的重要途径

综合分析美国、欧盟、日本等典型发达国家和地区交通运输低碳发展政策动向，其制定综合性战略、调整运输结构、构建集约化交通模式、出台科技政策等方面创新政策与行动举措，可为我国交通运输低碳发展战略选择提供良好的国际标杆与参照。

一是注重加强综合性可持续交通的战略引领。欧盟和美国都明确提出建立可持续发展交通运输系统的战略。如欧盟将低碳交通作为交通运输发展的核心战略；美国强调转变发展方向和发展方式，既要扩展运输网络能力，服务于人口和经济增长，也要降低交通运输发展对生态环境和全球气候的影响，实现交通运输低碳发展等。

二是注重发挥运输结构调整的减排作用。发达国家十分注重综合运用规划、价格、投资、宣传、教育、运输组织等手段，促进客货运输需求由小汽车、卡车运输等碳排放强度高的运输方式向铁路、水运、公共交通等碳排放强度低的运输方式转移，实现在货物、旅客运输量相同的前提下减少碳排放。从发达国家走过的路径来看，道路运输、民航等由于机动性强、便捷舒适等优点，得到快速发展，碳排放所占比重较快上升，因此必须加快调整优化交通运输结构，有力推动交通运输减排。

三是注重构建集约型交通发展模式。相同经济发展水平的国家由于交通发展模式不同，交通运输碳排放结果大相径庭。日本、欧盟等国家或地区形成集约化交通发展模式，而美国则形成蔓延式交通发展模式，不同模式下各国人均交通碳排放差距巨大，美国人均交通碳排放是欧盟、日本的 3 倍以上。另外，交通运输布局与产业、城镇、人口、土地相适应，形成以快捷的大容量交通方式为主导的集约型交通供给模式，有利于交通运输节能减碳。有必要充分吸收借鉴国外交通发展模式集约化的成果经验，大力加强城市间高速铁路、城际铁路以及城市内轻轨、磁浮、市郊铁路等交通基础设施的规划建设，以节能型大容量、快速交通方式引导城市、城市群集约布局，形成集约低碳的交通供给模式。

四是注重强化低碳科技创新政策引导。发达国家注重在交通运输新技术、替代能源、清洁能源、信息技术和智能交通等领域的研发和应用，尤其在新能源、载运工具新技术等方面制定了明确的技术发展路线图。美国在下一代飞机制造中处于领先地位，主导国际交通领域标准制定；注重对车辆电动化、智能化技术的研发与应用，降低交通运输排放源的排放水平。美国、欧盟均将电动汽车等作为交通运输能源科技研发的重点领域，积极推进车路合作技术研发与应用，同时加强物联网、云计算大数据在交通行业中的应用，加强宏观路网管理与服务水平，提高整体交通运输效率。

第 3 章 我国智能低碳交通发展基础与展望

改革开放以来，中国交通运输发展取得了历史性巨大成就，实现了历史性跨越。交通运输在快速发展的同时，高度重视节能减排与应对气候变化工作。本章运用情景分析和能源经济学等方法，介绍了智能低碳交通发展需求与展望，分析了汽车电动化、智能化、共享化发展趋势和对我国车用能源系统影响，为科学制定智能低碳交通发展目标和实现途径奠定基础。

3.1 智能低碳交通发展基础与机遇

3.1.1 智能低碳交通发展基础

3.1.1.1 交通基础设施的集约低碳化发展趋势明显

（1）交通基础设施规模及运输能力世界领先

“五纵五横”综合运输大通道全面贯通，基本形成了由铁路、公路、水路、民航、管道等多种运输方式构成的综合交通基础设施网络。截至 2021 年，铁路营业里程达到 15.1 万千米，位居世界第二，其中高速铁路里程 4 万千米，位居世界第一；公路总里程 528.1 万千米，路网规模已位居世界前列，其中高速公路里程位居世界第一；内河航道通航里程达 12.8 万千米，港口拥有万吨级及以上泊位达 2659 个，均居世界第一；颁证民航运输机场达 248 个，全行业运输机场共有跑道 275 条、停机位 7133 个；邮政行业拥有各类营业网点 41.3 万个。

（2）绿色投资为低碳交通发展注入新动能

2021 年，交通运输行业把促投资稳增长摆在更加突出位置，适度超前开展交通基础设施投资，大力推进重点项目建设，进一步完善中央专项资金保障政策，着力发挥中央资金引领带动作用，积极扩大交通有效投资，全年完成交通固定资产投资 36220 亿元。我国分别于 2011 年和 2012 年设立了公路水路交通运输节能减排专项资金和民航节能减排专项资金，累计投入中央财政资金 63.4 亿元，通过中央和地方专项资金的共同引导，带动了行业数百亿资金投入。发布《绿色信贷统计制度》，明确了绿色信贷支持的 12 类项目。2021 中国绿色债券市场同比增长 2863 亿元人民币，即同比增速为 186%。中国绿色债券市场募集的大部分资金（88.3%）投向了可再生能源、低碳交通和低碳建筑领域。低碳交通的募集资金也同比增长了 78%（达到 826 亿元），占中国整体绿债发行量的 18.8%，基本覆盖了铁路、港口、内河航道、航空机场等基础设施建设。

3.1.1.2 综合运输结构绿色低碳化水平稳步提升

（1）货物运输“公转铁”“公转水”取得进展

自 2018 年国务院陆续印发《打赢蓝天保卫战三年行动计划》和《推进运输结构调整三年行动计划（2018—2020 年）的通知》以来，货物运输逐渐向铁路、水运方向调整，宏观调控政策取得一定成效。2016—2021 年公路货运占比从 76.16% 下降至 73.89%，铁路货运占比从 7.56% 上升至 9.05%，水路货运占比从 14.44% 上升至 15.8%。2020 年在货运总量略降的背景下，铁路运输量逆势而上，同比增长 3.2%。从大宗物资结构调整来看，截至 2020 年全国大宗货物累计完成铁路增量约 7.8 亿吨，水运增量 5.7 亿吨，沿海港口大宗货物公路运输量减少约 3.7 亿吨。

（2）旅客运输规模较快增长，运输结构不断优化

2016—2019 年（新冠肺炎疫情对客运影响较大）公路客运量占比从 81.4% 逐年下降至 73.92%，铁路客运量增长较快，民航客运量占比稳步上升。2019 年我国铁路客运周转量占比高达 41.6%，高于日本的 30%，远高于欧洲及美国，我国旅客运输结构向着绿色低碳的方向不断优化。

（3）城市轨道交通持续保持快速发展态势，城轨交通客运量占比逐年提高

“十三五”期间，国内城市轨道交通运营、建设、规划线路的规模和投资跨越式增长，年均增长 17.1%，五年新建运营线路长度超过“十三五”之前的累计总额。2020 年城轨交通在客运量同比下降 25.8% 的情况下，其占公共交通客运出行总量的比率仍然提升了 4.1%。其中，上海、广州、南京、深圳、北京、成都 6 个城市轨道交通客运量占公共交通比率超过 50%，初步形成了以轨道交通为公共交通主体的城市出行结构。

（4）以绿色交通方式为主体的多式联运正在进入全面推进时期

2020 年全国港口完成集装箱铁水联运量 687 万标箱，同比增长 29.6%。截至 2021 年 3 月初，交通运输部公布三批次共 70 个多式联运示范工程项目，涉及 28 个省份。2022 年 1 月，国务院办公厅印发《推进多式联运发展优化调整运输结构

工作方案（2021—2025年）》。在众多政策利好、示范工程和技术创新合力作用下，多式联运正在进入全面推进时期。

（5）综合交通枢纽建设进入快车道

近年来，我国建成了一批辐射带动作用较强的综合交通枢纽，形成了以枢纽机场、高铁站为代表的综合客运枢纽和以港口为代表的货运综合枢纽，依托枢纽的以公共交通为导向的开发（Transit-Oriented Development，TOD）也持续深化，国家物流枢纽建设迈入快车道。按照加快建设交通强国战略部署，多层次一体化综合交通枢纽体系建设不断深入，综合客运、货运枢纽港站在枢纽体系中的功能和作用将更加突出。

3.1.1.3 交通运输装备技术水平和绿色化程度不断提高

（1）交通装备制造技术水平显著提升

我国交通运输行业技术位于国际交通科技发展前沿。目前我国已掌握了高速铁路成套技术，随着高速列车技术的成熟，我国已进入350千米/时高铁时代；铁路重载运输技术达到世界先进水平；大型油轮建造、集装箱货船建造、自动化码头建设水平大幅提高；大飞机的研发取得显著成果，按照国际民航规章自行研制具有自主知识产权的大型喷气式民用飞机C919大型客机已于2022年12月26日开启100小时验证飞行。2023年5月28日，C919大型客机完成从上海到北京的首次商业航班飞行。

内燃机汽车整体技术水平明显提升，基本掌握了电动汽车的关键核心技术和整车产品的关键产业化技术，我国新能源汽车的核心竞争能力在持续提升。

交通科技创新平台建设硕果累累，建设运营了一批包括国家重点实验室、工程技术研究中心、国家工程实验室在内的国家创新能力平台，组建了一批国家产业技术创新联盟，形成了机制化的协同创新模式，夯实了我国交通科技可持续发展的基础。

（2）新能源与清洁能源应用比例逐步提升

一是铁路电力机车、电气化比例明显上升。截至2021年，全国铁路电力机车达1.4万台，占比62.7%，较2005年提高2倍；铁路电气化比例达到74.9%，较2005年提高44.9个百分点。

二是新能源汽车增速迅猛。2021年全国新能源汽车保有量达784万辆，占汽车总量的2.6%。相关配套基础设施发展较快，全国充电基础设施累计261.7万台，其中公共充电桩114.7万台、随车配建充电桩（私人充电桩）147万台，3102个高速公路服务区建设了充换电基础设施，建成充电桩1.3万余个。特别是在公共汽电车领域，新能源车辆推广应用尤为突出。2021年全国70.94万辆公共汽电车中，纯电动公交车占比超过 59.1%，混合动力车占比约 12.2%，氢能源车占比约 0.4%。巡游出租车主要由汽油车、乙醇汽油车和双燃料车组成，其中汽油车和乙醇汽油车比例逐年下降，而双燃料车比例不断提高。

三是水运领域新能源推广应用成效逐步显现。2021 年一步推进长江经济带船舶靠港使用岸电，全年长江经济带九省二市完成 5300 余艘船舶受电设施改造，年末长江经济带港口和水上服务区岸电设施覆盖泊位达 7300 多个，全年使用岸电 6600 多万度，同比增长约 32%。

3.1.2 交通运输能源消费与碳排放现状

3.1.2.1 交通运输能源消费现状

（1）交通运输能源消费总量逐年增加，占比呈较快上升趋势

交通运输能源消费总量从 2005 年的 2.3 亿吨标准煤增长到 2021 年的 5.91 亿吨标准煤，年均增长率达到 9.6%。交通运输能源消费在全国能源消费总量中的占比从 2005 年的 5.3% 提高到 2021 年的 11.3%，如图 3.1 所示。

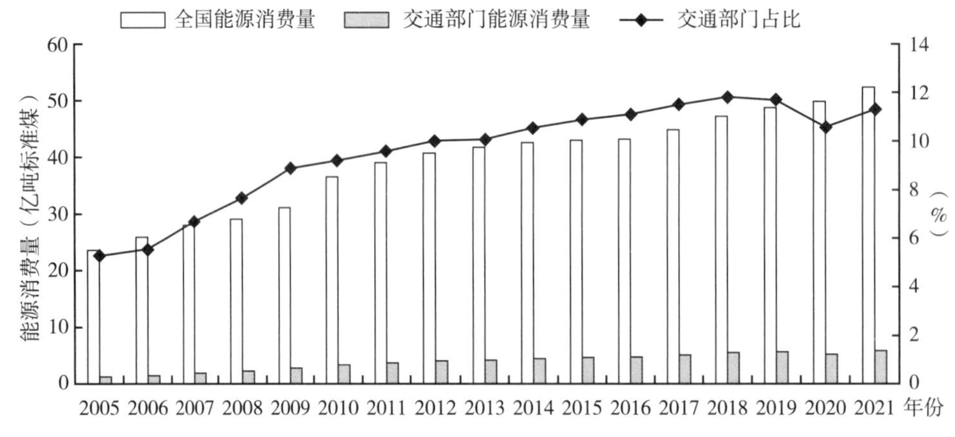

图 3.1 2005—2021 年我国交通运输能源消费量及其占比

（2）货运领域能源消费量占比高

货物运输能源消费量持续快速增长。货运能源消费总量从 2005 年的 0.86 亿吨标准煤增长到 2020 年的 3.35 亿吨标准煤（图 3.2），增长 291%，其占比从 2005 年的 50% 增加到 2020 年的 65.3%。

货物运输能源结构较为单一，仍然以柴油为主。2020 年货物运输柴油消费占全部能源消费总量的 94.2%；其次是汽油，占比超过 3.0%，达到 930 万吨标准煤；天然气占比仅为 0.1%。

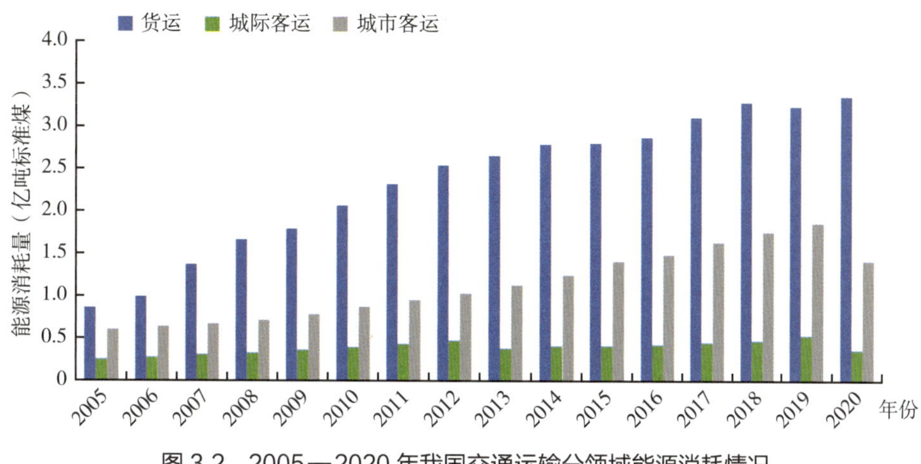

图 3.2 2005—2020 年我国交通运输分领域能源消耗情况

（3）客运能源消费结构逐步优化，公交新能源消费增速较快

在城际客运方面，航空煤油是最主要的能源消费品种，2020 年航空煤油消耗 2100 万吨标准煤，占比达 45%。柴油是第二大能源品种，共消耗 1700 万吨标准煤，占比达 36.3%。由于铁路电气化的推进，城际客运的电力消耗达到 486 万吨标准煤，占比达 8.5%。

在城市客运方面，由于天然气车辆和纯电动车辆在公交、出租等领域的应用，公共交通新能源使用量增速较快。私人小汽车数量和单位能耗远高于公共交通，因此汽油是最主要的城市客运能源消耗，2020 年达到 6100 万吨标准煤，占比高达 69%。

3.1.2.2 交通运输领域碳排放现状

（1）交通运输领域碳排放总量增长迅速，占比呈上升趋势

随着我国经济社会快速发展，全社会货运量和货物周转量大幅增长，交通运输领域二氧化碳排放总量从 2005 年的 3.4 亿吨增长到 2021 年的 10.8 亿吨，增长了 175%，年均增长率达 3.4%。交通运输领域二氧化碳排放占全国比重从 2005 年的 5.9% 上升到 2021 年的 10.9%（图 3.3）。

2021 年公路运输占交通运输领域碳排放 86% 以上。现阶段大宗货物运输主要以公路为主，2005—2021 年公路货物周转量年均增长 7.0% 左右，同时我国私人乘用车从 2005 年的 0.17 亿辆增长到 2021 年的 2.37 亿辆，增长了 13 倍。考虑到公路运输能源消耗 95% 以上依赖化石能源，导致公路运输碳排放量快速上升。由于铁路电气化率的提升，铁路运输碳排放量自 2013 年起逐年下降。水路运输碳排放相对公路运输碳排放较小，其总量呈缓慢增长趋势。航空运输碳排放量增速较快，占比逐年增加，自 2017 年起成为交通运输领域第二大碳排放行业（图 3.4）。

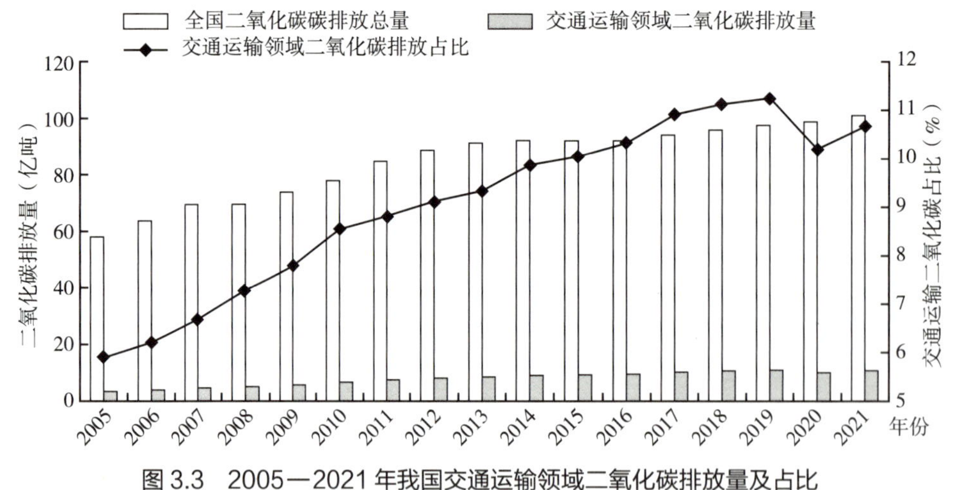

图 3.3　2005—2021 年我国交通运输领域二氧化碳排放量及占比

图 3.4　2005—2021 年我国交通运输分领域二氧化碳排放情况

（2）货物运输二氧化碳排放持续增加，公路货运二氧化碳排放总量最大且增速较快

2021 年公路货运二氧化碳排放占比达 85.3%。我国货物运输主要以公路为主，2005—2021 年公路货物周转量年均增长 7.6%，导致公路货运二氧化碳排放量增长 1.7 倍（图 3.5）。

（3）城际客运碳排放中民航占比最高

居民城际出行方式逐步转向以铁路、航空出行为主。铁路实现了较为全面的电气化改造，铁路客运二氧化碳排放强度较低，二氧化碳排放量呈逐渐下降态势。航空客运二氧化碳排放从 2005 年的 0.2 亿吨增长到 2021 年的 0.58 亿吨（图 3.6），增长 1.9 倍，占比达到 66.5%。

（4）私人乘用车快速增长带来了大量碳排放

2005—2021 年我国私家车保有量从 2005 年的 0.17 亿辆快速增长到 2021 的

图 3.5 2005—2021 年我国货物运输二氧化碳排放情况

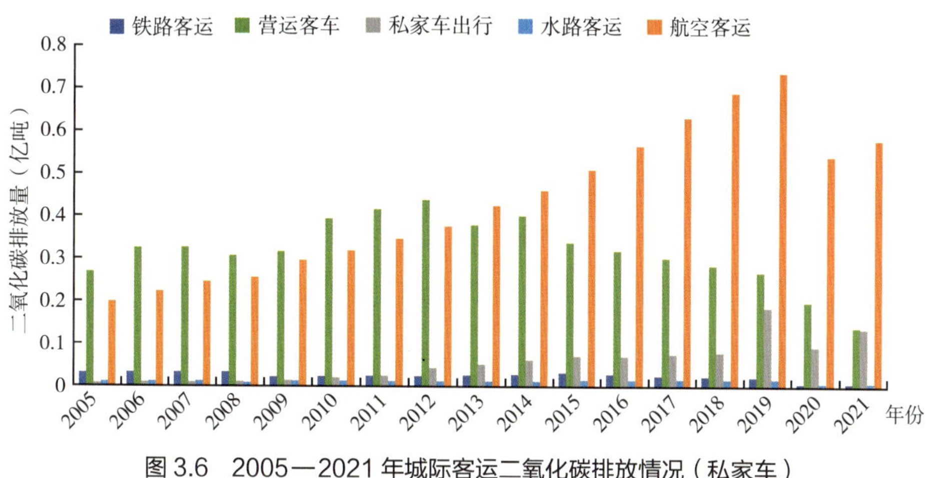

图 3.6 2005—2021 年城际客运二氧化碳排放情况（私家车）

2.37 亿辆，年均增长率为 16.7%。私家车保有量迅猛增长，导致其碳排放量快速增加，2009 年私家车超过出租车成为城市客运中碳排放最多的模式。轮渡、摩托车等碳排放量较为平稳（图 3.7）。

3.1.3 智能低碳交通发展机遇和挑战

3.1.3.1 智能低碳交通发展面临的形势与要求

一是交通运输低碳发展是应对全球气候变化和全球可持续发展的重要途径。气候变化是全球最大的环境挑战，人为活动导致的温室气体排放是 20 世纪中叶以来全球变暖的主要原因。交通运输是发展的“先行官”，同时又是资源消耗和污染排放型行业，是绿色低碳发展的重要领域。交通运输行业碳达峰相关工作要以习近平总书记关于碳达峰目标和碳中和愿景的重大宣示为指引，落实国家碳排放达峰部署要求，全方位、全过程推进交通运输行业碳排放控制，实现尽早达峰，

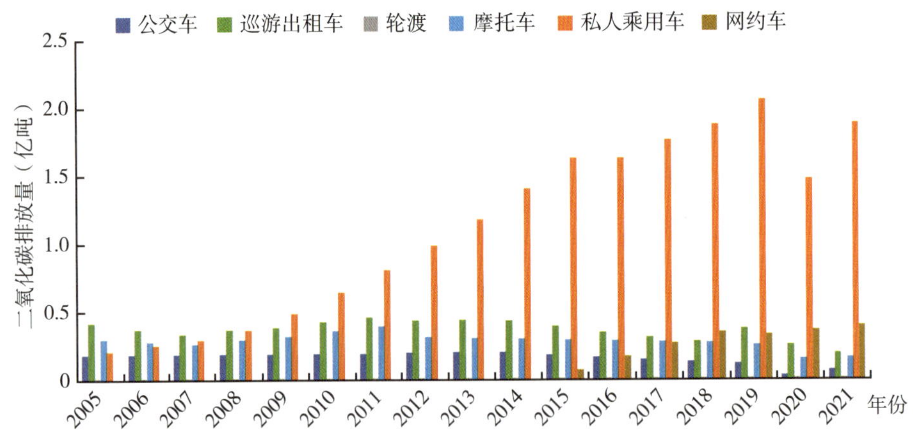

图 3.7　2005—2021 年我国城市客运二氧化碳排放情况

为国家如期实现碳排放达峰目标、应对全球气候变化和全球可持续发展提供有力支撑。

二是交通运输低碳发展是建设生态文明和美丽中国的迫切要求。习近平生态文明思想，是新时代交通运输生态文明建设的根本遵循，为未来推进生态文明建设和绿色发展指明了路线图。交通运输是经济社会发展的基础性、先导性、战略性产业和服务性行业，同时也是生态文明建设、绿色低碳发展和打好污染防治攻坚战的重点领域。新时代交通运输低碳发展责任重大、任务艰巨。交通运输行业必须着眼于中华民族伟大复兴的战略全局，加快转变交通运输发展方式，调整交通运输结构，强化节能减排和污染防治，加快推进新能源、清洁能源应用，为加强生态文明和美丽中国建设提供有力支撑。

三是交通运输低碳发展是加快建设交通强国、构建安全便捷高效绿色经济的现代化综合交通体系的重要内容。交通运输低碳发展是加快交通强国建设的重要目标和关键领域，是实现交通运输高质量发展和绿色转型的战略举措。未来一段时期是我国从“交通大国”向“交通强国”迈进的重要时期，交通运输必须坚持以人民幸福生活为宗旨，由注重提高供给能力向注重提升供给质量效率转变，促进绿色出行、绿色物流发展，走科技含量高、经济效益好、资源消耗低、环境污染少的发展道路，建设更安全、更普惠、更可持续、更具竞争力的现代综合交通运输体系，为建设人民满意、保障有力、世界前列的交通强国奠定坚实基础。

四是交通运输低碳发展是抢抓科技革命和产业变革、能源革命与数字化转型新机遇的必然选择。技术革新是低碳交通运输发展的关键所在，作为技术密集型和集成应用型行业，交通运输生产生活方式和组织模式日益呈现出智能化、自动化、无人化、电动化、低碳化、共享化等趋势和特征。移动互联网、物联网、云计算、大数据等新技术应用，以及新能源汽车、储能技术、自动驾驶等技术突破，对交通运输格局带来了较大影响，也为行业的转型升级、低碳发展带来了前所未有的机遇。这就迫切需要交通运输行业抢抓新一轮科技革命和产业变革的历史机遇，把创新作为推动低碳发展的第一动力，加快交通基础设施数字化改造、交通运输装备智能化升级、交通能源系统绿色化转型、交通运输服务高效化发展，全面提升交通运输科技实力和低碳发展水平。

3.1.3.2 智能低碳交通发展面临的主要问题与挑战

一是交通运输结构不优、效率不高的问题仍然存在，铁水联运、水水中转、空铁联运等高效组织模式有待进一步发展。相当比例的大宗货物中长距离运输仍然依靠公路运输来完成，沿海港口集装箱铁路和水运疏港比例明显偏低，铁路、水运等节约能源资源、长距离大宗货物成本较低的比较优势尚未充分发挥；综合运输组织化水平不高，经营主体过于分散，企业经营的综合优势难以发挥，交通运输结构性矛盾尚未根本解决。

二是绿色生产消费理念和绿色出行发展模式尚未形成，绿色交通分担率有待提升。城市公共设施与交通系统规划衔接性不够，“职住分离”的城市布局增加了城市出行需求，导致交通拥堵；基础设施供给不足，慢行系统建设相对滞后，自行车、步行分担率有待进一步提升；公共交通服务质量有待改善，旅客联程运输发展尚处于初级阶段，与人民群众高品质的出行期待还有较大差距。

三是技术创新有待进一步加强，运输装备标准化、清洁水平和配套设施仍需提升。老旧和高耗能、高排放交通工具更新缓慢；以清洁能源和新能源为燃料的运输装备设备应用缓慢，目前新能源车主要应用于公交、出租、城市配送等场景，在货物运输、班线客运等应用较少，加气、充换电等配套设施建设不足。

四是交通低碳治理基础能力薄弱，绿色交通治理能力和推进手段有待提升。一些地区特别是县区级有关部门对交通运输绿色低碳发展的认识不高、能力不强、行动不实；交通部门信息化、智能化进程缓慢，相关法规制度仍不完善，绿色交通标准较为缺乏，统计监测等基础能力薄弱。

3.2 智能低碳交通发展需求及展望

3.2.1 智能低碳交通发展需求

3.2.1.1 货物运输需求将由高速增长转向平稳增长

（1）货运将从运输化 2.0 阶段迈向运输化 3.0 阶段

与工业 1.0 阶段、工业 2.0 阶段、工业 3.0 阶段和工业 4.0 阶段相对应，货物运输发展也可以划分为运输化 1.0 阶段、运输化 2.0 阶段和运输化 3.0 阶段。运输化 1.0 阶段大体对应第一次工业革命时期和第二次工业革命时期的前半段，在该阶段中各种近现代运输方式各自独立发展；运输化 2.0 阶段对应第二次工业革命时期的后半段，运输业在该阶段中的主要特征是实现多式联运、枢纽衔接和运输领域的综合运输体系；运输化 3.0 阶段则对应第三次工业革命时期，运输发展更多考虑资源环境、大都市区形态、信息化、全球化和以人为本等[1]，如图 3.8 所示。

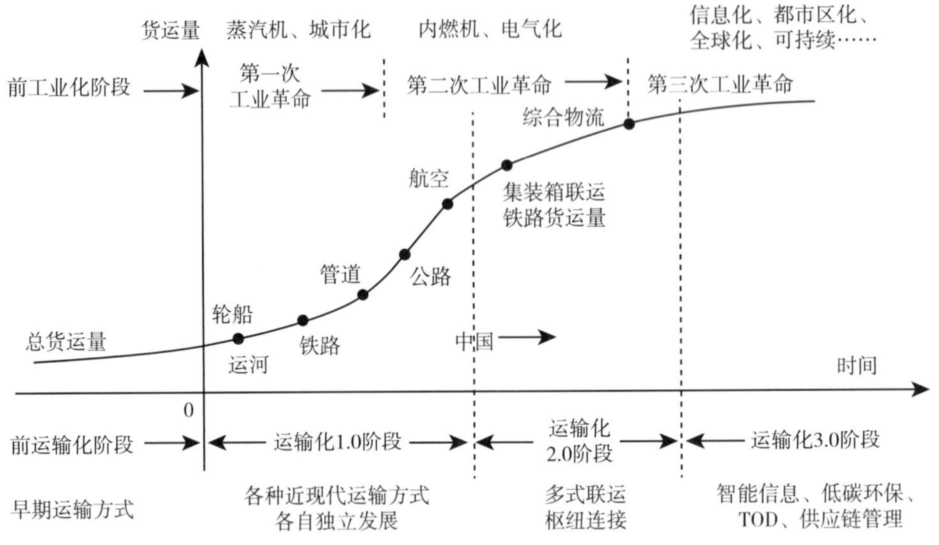

图 3.8　运输化阶段划分调整示意图

从发展阶段来看，发达国家目前正处于工业 3.0 阶段向工业 4.0 阶段的过渡阶段，我国整体上对应工业 2.0 阶段向工业 3.0 阶段的过渡阶段，同时还交织着追赶工业 4.0 阶段。这一阶段，工业结构的改变将使高附加值产品数量更多，相应在货运量中所占的比例也随之提高。货物运输量将处于运输化 2.0 阶段。2030—2045 年我国货物运输量增长速度将降低。从区域来看，我国不同区域工业化程度不同，各个地区交通需求呈现多样化特点，未来货运需求将会呈现不同特点（图 3.9）。

（2）未来我国货物运输特点

一是未来货运需求将由高速增长转向平稳增长。我国经济已由高速增长阶段转向高质量发展阶段，供给侧结构性改革将进一步深化，货运需求增速将有所下降，但由于工业化和城镇化进程还在持续，2030 年前货运需求仍将保持中速增长，以 3%~5% 增速增长；2030—2040 年我国进入以科技进步和创新为重要支撑

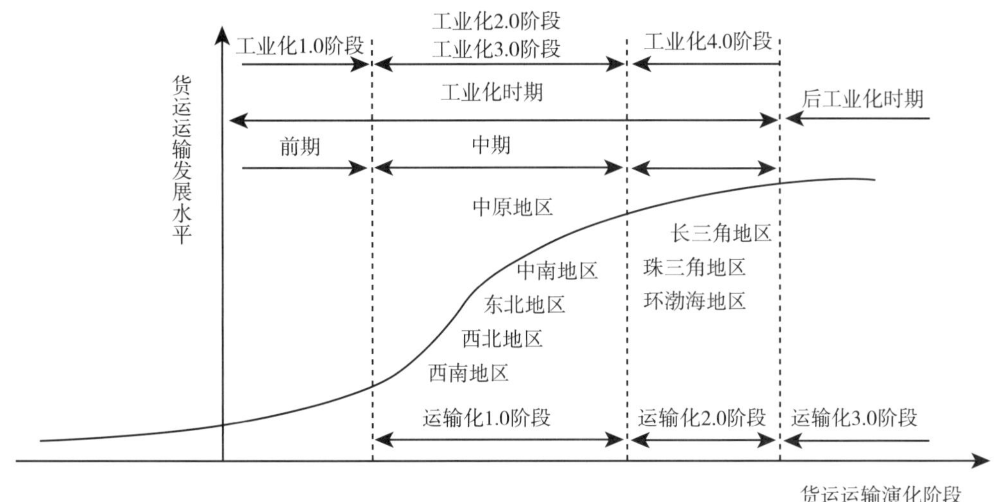

图 3.9　我国区域货运运输系统发展阶段示意图

的新兴工业化发展阶段，工业品产量及货物运输量需求增速会放缓，货运需求增速降低，以 1%~2% 增速增长；2040 年后货物运输周转量将逐步达峰，并维持缓慢下降的趋势。

二是货运结构受政策影响较大。随着路网等级的不断提高、加上具有“门到门”优势，公路运输仍将是货运最主要的运输方式。铁路、水路运输的占比受政策力度影响较大。当实施力度较大的低碳交通政策，会引起部分公路货运转移到铁路和水路方向，铁路货运量及货物周转量占比增长；如果同时鼓励大规模推广铁水集装箱联运，那么铁路和水路货物运输将拥有新的增长点；航空、管道所承担的货运量会有所上升，但占比较低。

三是大宗货物运输量在 2030 年之前达到峰值。2018 年我国大宗货物的产量和运输量均居世界第一。随着供给侧结构性改革的不断深化，持续推动发展方式转变、经济结构优化、增长动力转换等，重化工业增速降低，减少对煤炭、铁矿石和钢铁等大宗货物的需求，煤炭、冶炼物资、建材、粮食等大宗物资运输需求量总体快速增长的势头将有所放缓。大宗货物运输需求将于 2020—2030 年处于高峰平台期，2030 年后大宗物资运输将有所下降。但考虑到我国国土面积大、人口多、资源禀赋不均衡，大宗货物运输量达峰后，短期内不会出现明显的大幅下降，将维持在一个相对稳定的规模。

四是高价值、分散性、小批量、时效性货运需求快速攀升。一方面基于互联网的个性化定制、工业生产由集中式控制向分散式增强型控制转变等新的趋势，物流也将随之呈现个性化特点，成为分散性、小批量货运需求快速增长的推手。另一方面由于人群消费水平的提高将诱发更多的消费品需求，促进小批量、多批次、高价值货物运输需求量的增长以及对更快速、更便捷、更准时物流配送的需求，将推动航空、公路等货运需求增长；高附加值和轻型化产品比例明显增大，单位运输量的货物价值远超过大宗货类，货类变化将促使集装箱及快递运输量持续增长。

3.2.1.2　旅客运输需求快速增加，但增长存在天花板

（1）客运需求增长率将随城镇化速度减缓而有所下降

客运需求总量增长曲线与城镇化发展进程曲线类似，大致表现为一条倒 U 形曲线，如图 3.10 所示。这表明：在城镇化初期阶段，客运需求具有总量水平和增长率“双低”特征；在城镇化中期阶段同时也是快速城镇化阶段，客运需求总量水平和增长率具有“双高”特征；在城镇化后期，客运需求则呈现出“总量高，增速低”的特征。2030—2050 年我国城镇化发展将逐步成熟，2050 年城镇化率为 72% 左右，届时我国客运需求增长率将随城镇化速度减缓而有所下降。

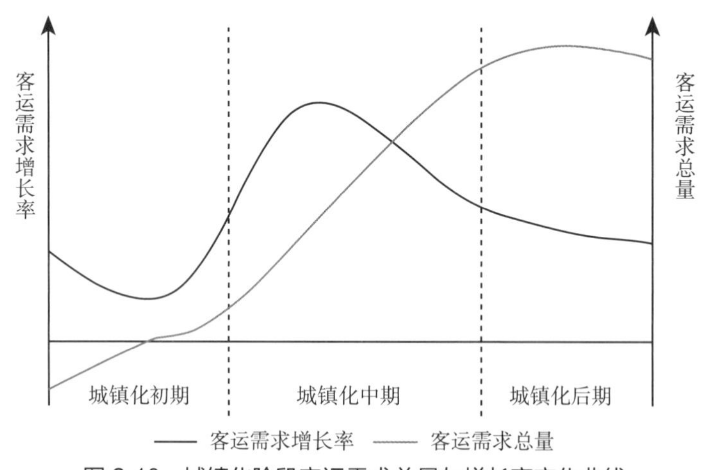

图 3.10　城镇化阶段客运需求总量与增长率变化曲线

（2）城际分方式客运需求差异化发展

在铁路、公路、民航三种主要的城际客运方式中，民航旅客运输量增长速度最快，铁路运输次之，公路运输全口径最慢。其中，公路运输方面尽管小汽车运输量略有增长，但受营业性公路客运量下行影响，公路客运量增长速度慢于民航和铁路；受铁路平均运距下降影响，铁路旅客周转量增长速度低于客运量增长速度；而民航的平均运距持续增长，民航旅客周转量增长速度高于客运量增速。

一是旅客运输总量增速将逐渐趋缓。客运需求发展规律表明，当人均出行次数达到一定水平后，由于公众对外出行的欲望受到时间和经济成本的约束，便会处于基本稳定阶段，即人均客运需求存在一个“天花板”。预计我国人口规模将

于2030年左右达到峰值。在城镇化进入中后期、人均客运需求“天花板”和人口规模达到峰值因素的影响下，自2030年起我国客运需求将进入增速趋缓阶段。同时由于交通工具技术水平和运输速度的不断提升，旅客出行的平均距离将有较大增长。

二是主要城市群间出行次数将逐步增加。城市群建设将使各城市间的联系更加紧密。根据《中华人民共和国国民经济和社会发展第十四个五年规划和2035年远景目标纲要》，未来我国将全面形成“两横三纵”城镇化战略格局，城市群将成为我国城镇化发展的重要形态。同时随着区域经济一体化进程的推进，以及受东部产业逐渐向中西部梯度转移、交通基础设施网络不断完善等相关因素影响，主要城市群之间的经济、社会联系将进一步增强，主要城市群之间的出行在全国客运格局中所占的比例也将不断提高。

三是商务出行比例有所下降，旅游休闲目的客运比例增加。据高德导航统计数据显示，在2019年全国跨城小汽车出行中，目的地为公司、工业园区、政府机构等生产性出行需求约占38%，目的地为综合医院、学校等基本生活出行需求约占33%，目的地为风景名胜区等旅游休闲出行需求约占29%。根据美国和英国的经验，未来生产性出行比例将基本稳定在30%左右，相比之下，我国生产性出行需求的比例仍然偏高，旅游休闲出行的潜力尚未得到充分释放。随着交通基础设施的完善、人民生活水平的提高、空闲时间和可支配收入的增加，旅游、休闲、会友等娱乐性出行需求将进一步增加且比例逐步提升；另外由于人们观念的改变及人口城镇化的深入推进，转化为城市居民的流动人口客运出行将逐步减少，每年大规模的民工“候鸟迁徙”状态将得到缓解；人口随季节迁徙的“新候鸟经济”现象将形成冬季向南、夏季向北的季节性大客流。

（3）城市客运将呈现多元化发展趋势

城市客运需求将持续增加，出行消费倾向更高质量方式。一方面，随着城镇化推进和经济增长，城市出行的需求将持续增加；另一方面，人们的出行消费倾向于选择更快速、更舒适、更自由的高质量方式。汽车能提供独立空间、实现自由选线，在短距离出行中更为快速、便捷，且自动驾驶、共享汽车等新技术、新模式的发展将使小汽车出行更具吸引力。

公共交通在不同层级城市将呈现不同的发展趋势。在一线、二线城市等人口密度较大的城市，随着公共交通基础设施的完善、响应型公共交通为代表的新模式涌现以及节能低碳、绿色环保等绿色出行方式的普及，居民出行将更多地使用公共交通。与此同时，在人口密度相对较低的城市，因传统的大容量公共交通无法灵活满足分散出行的需求，公共交通需求将进一步下降。

3.2.2 智能低碳交通发展展望

伴随着移动互联网、物联网、云计算、大数据等新技术的应用，新能源汽车、储能技术、自动驾驶等技术突破，“互联网 +”渗透到交通运输各领域，将推动交通运输发展业态创新，为交通运输格局带来革命性影响。

交通运输领域二氧化碳排放影响可分为 4 个方面共 15 个影响因素（图 3.11）。为统筹考虑不同影响因素的变化趋势对我国交通运输领域碳排放的影响，本文设置政策情景、强化减排情景、2℃情景以及 1.5℃情景。其中，政策情景考虑现有政策手段和技术水平的城市交通碳排放趋势，我国产业布局、客货运结构、不同交通模式的能效改进、替代燃料技术的发展没有大的变化或重大技术突破；强化减排情景在政策情景的基础上，考虑优化运输结构、交通节能减排技术不断应用、绿色出行比例提升、新能源车船普及率上升；2℃情景是为实现巴黎协定中温升控制在 2℃之内的目标，在强化减排情景基础上，交通运输部门在运输结构、燃油经济性等方面均有显著提升，新能源车船普及加快，绿色出行比例上升幅度加大；1.5℃情景是为探索为实现温升控制在 1.5℃的目标，在 2℃情景基础上，交通运输部门在运输结构、低碳技术等出现跨越性、突破性发展，绿色出行比例大幅上升，新能源车船成为绝对主流。各情景设置的主要参数与特征见表 3.1。

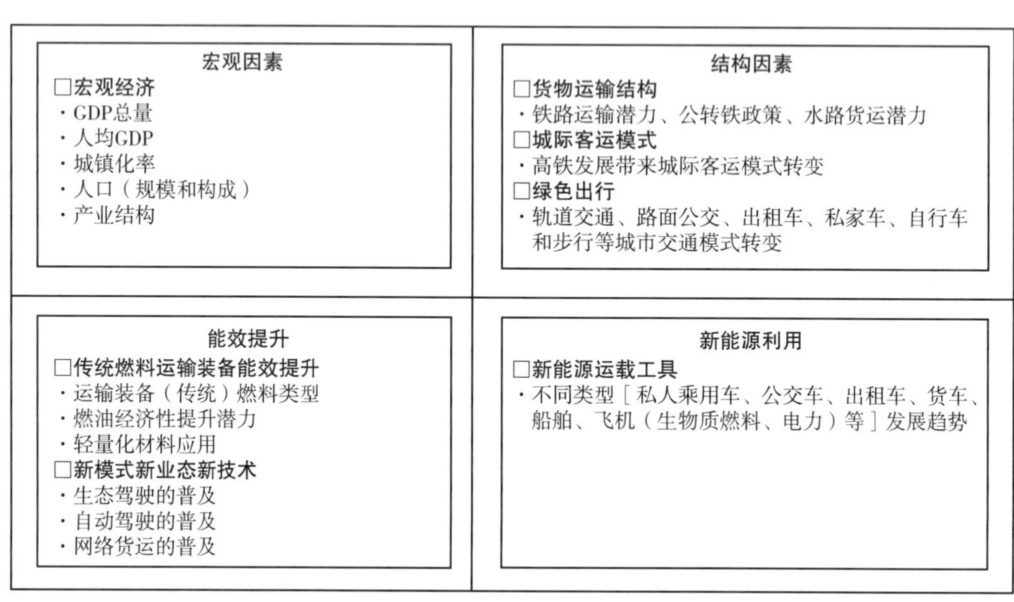

图 3.11 交通运输领域二氧化碳排放影响因素

表 3.1 情景设置的主要参数与特征

	政策情景	强化减排情景	2℃目标下近零排放情景	1.5℃目标下净零排放情景
交通技术	交通能耗效率提升40%	交通能耗效率提升55%	交通能耗效率提升75%	交通能耗效率提升79%
新能源汽车	2020 年、2030 年、2050 年新能源汽车保有量占比分别为1.2%、10%、40%；货运车型中新能源车占比分别为 0.2%、3%、10%	2020 年、2030 年、2050 年新能源汽车保有量占比分别为1.3%、15%、50%；货运车型中新能源车占比分别为 0.2%、4%、15%	2020 年、2030 年、2050 年新能源汽车保有量占比分别为1.5%、20%、65%；货运车型中新能源车占比分别为 0.2%、5%、20%	2020 年、2030 年、2050 年新能源汽车保有量占比分别为1.5%、20%、75%；货运车型中新能源车占比分别为 0.2%、5%、30%
城市发展	2050 年公共交通全方式出行分担率达45%，轨道交通的长度为 5 万千米，私家车保有量 340 辆 / 千人，共享出行率为10%	2050 年公共交通全方式出行分担率达50%，轨道交通的长度为 6 万千米，私家车保有量 320 辆 / 千人，共享出行率为15%	2050 年公共交通全方式出行分担率达 55%，轨道交通的长度为 6.5 万千米，私家车保有量280 辆 / 千人，共享出行率为 20%	2050 年公共交通全方式出行分担率达60%，轨道交通的长度为 7 万千米，私家车保有量 270 辆 / 千人，共享出行率为25%
结构优化调整	经过货运结构调整，2050 年铁路、公路、水路、航空和管道货运占比为 16%、65%、16%、1%、2%；经过客运结构调整，2050 年铁路、公路、航空、水路客运占比为38%、34%、27%、1%	经过货运结构调整，2050 年铁路、公路、水路、航空和管道货运占比为 19%、59%、18%、1%、3%；经过客运结构调整，2050 年铁路、公路、航空、水路客运占比为40%、31%、28%、1%	经过货运结构调整，2050 年铁路、公路、水路、航空和管道货运占比为 23%、53%、21%、1%、2%；经过客运结构调整，2050 年铁路、公路、航空、水路客运占比为42%、27%、30%、1%	经过货运结构调整，2050 年铁路、公路、水路、航空和管道货运占比为 24%、51%、22%、1%、2%；经过客运结构调整，2050 年铁路、公路、航空、水路客运占比为 43.5%、26.5%、29%、1%

3.2.2.1 车辆用油占比将持续下降，清洁能源占比不断上升

交通运输消耗最多的能源品种是柴油、汽油。在政策情景下，车辆用油占比下降，电力增幅最大，从 2020 年的 4.3% 增长到 2050 年的 6.8%。在强化减排情景下，油品占比持续下降，从 2020 年的 84.7% 下降到 2050 年的 67.9%；同时受铁路电气化、车辆电动化的推动，电力占比从 2020 年的 4.5% 上升到 2050 年的 14.4%。在 2℃情景下，电力逐步成为主要能源品种，占比从 2020 年的 4.4% 增长到 2050 年的 24.2%；氢能使用量也有所提升，到 2050 年氢能占比达 0.5%；车辆用油占比高速下降，从 2020 年的 84.7% 下降到 2050 年的 56.9%。在 1.5℃情景下，清洁能源成为最主要能源，电力占比高速增长到 2050 年的 56.7%，生物质能占比达 13.3%（占航空能源的 80%）；车辆用油主要集中在公路货物运输和特殊场景

下的长途客运，占比下降到 19.6%；同时氢能源车也将承担一部分公路长途货运、长途客运及内河水路货运，2050 年占比达 5.2%。

3.2.2.2 公路货运二氧化碳减排是货运二氧化碳排放达峰的主要驱动力

在政策情景下，公路货运二氧化碳排放量 2030 年占全部货运二氧化碳排放总量的 82.3%，2030 年前占比持续增长，2050 年占比下降至 77.9%。在强化减排情景下，运输结构调整优化是未来货运二氧化碳排放总量和强度下降的重点方向。从运输方式来看，公路货物二氧化碳排放量是未来行业碳排放增长的重点，占货运能耗的 70% 以上。在 2℃情景和 1.5℃情景下，通过各种运输方式结构调整，继续发挥铁路和水路运输方式的比较优势，在满足货运运输需求的基础上降低能源需求和二氧化碳排放量。

3.2.2.3 航空客运二氧化碳减排是城际客运二氧化碳排放达峰的主要驱动力

在政策情景下，城际客运二氧化碳排放量会保持增长，城际客运的二氧化碳排放量在 2030 年前保持较高速度的增长，2035—2050 年增长放缓。在强化减排情景和 2℃情景下，随着客运结构的逐步优化以及各种运输方式能效的不断提升，城际客运总体二氧化碳排放量有所下降。在强化减排情景和 2℃情景下，2050 年二氧化碳排放量分别比政策情景二氧化碳排放量下降 9.4% 和 15.8%。

3.2.2.4 新能源车占比将决定城市客运二氧化碳排放结构和趋势

在政策情景下，如按照目前的发展方式，到 2050 年全国城市客运二氧化碳排放总量将持续增加，私人乘用车依旧是最主要的增长源。通过实施优先发展公共交通、控制私人汽车出行比例、进行技术革新和电动汽车推广，在强化减排情景、2℃情景和 1.5℃情景下，2050 年二氧化碳排放量分别比政策情景二氧化碳排放量下降 22.6%、40.8% 和 82.9%。

3.3 汽车电动化、智能化、共享化发展趋势及影响

3.3.1 汽车电动化、智能化、共享化发展趋势

汽车产业是国民经济的重要支柱产业和新一轮产业革命的战略性先导产业，在国民经济和社会发展中具有重要的引领和支撑作用。近年来我国汽车产业飞速发展，取得了一系列成就。在新一轮科技革命背景下，汽车领域的电动化、智能化、共享化成为未来发展趋势，推动着汽车领域的能源动力、生产运行、销售使用的全面变革，以前所未有的速度、深度、广度改变着全球汽车产业和技术。

电动化的核心内涵是由电力驱动的汽车能源动力变革。可分为纯电动汽车和燃料电池汽车，使用这两种燃料载体均具有驱动高效率和运行零排放的特点。汽

车电动化是我国破解能源环境约束的有效手段，新能源汽车也将成为我国建设智慧城市和现代交通运输体系的重要组成部分。在全球汽车产业竞争格局面临重大变革的背景下，汽车电动化已经成为国际产业竞争制高点。近年来，欧、美、日等发达国家和地区加紧部署新能源汽车产业，主要跨国汽车企业加快新能源汽车投资布局和转型发展。预计到2035年，新能源汽车产业将成为全球主要汽车强国经济增长的重要支柱。

智能化的核心内涵是汽车运行和生产方式的变革。出行方面体现在智能网联和自动驾驶，研发生产方面则体现为智能制造和工业互联网。随着信息通信、互联网、大数据、云计算、人工智能等新技术在汽车领域的广泛应用，汽车正由人工操控的机械产品加速向智能化系统控制的智能产品转变，汽车智能化已成为产业技术的战略制高点。发展汽车智能化不仅是解决汽车社会面临的交通安全、道路拥堵、能源消耗、环境污染等问题的重要手段，更是深化供给侧结构性改革、实施创新驱动发展战略、建成现代化强国的重要支撑，对于不断满足人民日益增长的美好生活需要具有十分重要的意义。

共享化则是汽车消费方式的变革。人们出行的舒适度、便捷度和安全度是重要的规划方向。推动互联网、大数据、人工智能和实体经济深度融合，在创新引领、绿色低碳、共享经济等领域培育新增长点、形成新动能已逐渐成为共识。过去五年，我国共享经济保持高速增长态势，新业态、新模式持续涌现，技术创新明显加速，国际影响力显著提升，已成为新时期中国经济转型发展中的突出亮点。汽车共享化是共享经济的突出代表，是绿色发展的集中体现，是交通变革的关键引擎，传统汽车工业强国都在大力支持汽车共享化的发展。在全球汽车产业进入新能源、无人驾驶等技术加速创新变革新阶段的背景下，汽车共享出行模式的兴起和普及给汽车产业带来了发展新机遇。我国汽车共享化发展迅猛，技术、规模等正在形成全球引领之势，牢牢把握当前发展机遇期对于我国汽车产业与技术的进步将产生极大的拉动作用。

3.3.2 三个革命对车用能源系统的影响分析

作为我国能源消费和碳排放的主要部门之一，车用能源系统将成为我国节能减排的重点领域，需要采取全方位的节能减排措施对车用能源消费和碳排放进行有效控制。相比发达国家的车用能源系统，我国还处在发展时期，具有汽车保有量增长速度快、车队特征变化速度快的特征，在未来汽车电动化、智能化、共享化三个革命的趋势下，将产生更复杂的变化和更多的问题。利用能源经济学方法对这些问题开展研究，探讨新形势下我国车用能源系统的发展机理，是本节的主要内容。

3.3.2.1 车用能源系统的通用计算框架

基于《中国道路交通领域汽车电动化、智能化、共享化三个革命的总体效果评估》的介绍，中国车用能源系统可以通过自底向上的建模方式建立计算框架，如图 3.12 所示。由于汽车保有量与汽车使用强度相对独立，在计算中将汽车保有量、汽车使用强度作为独立的输入变量进行考察；同时分析电动化、智能化、共享化带来的影响。

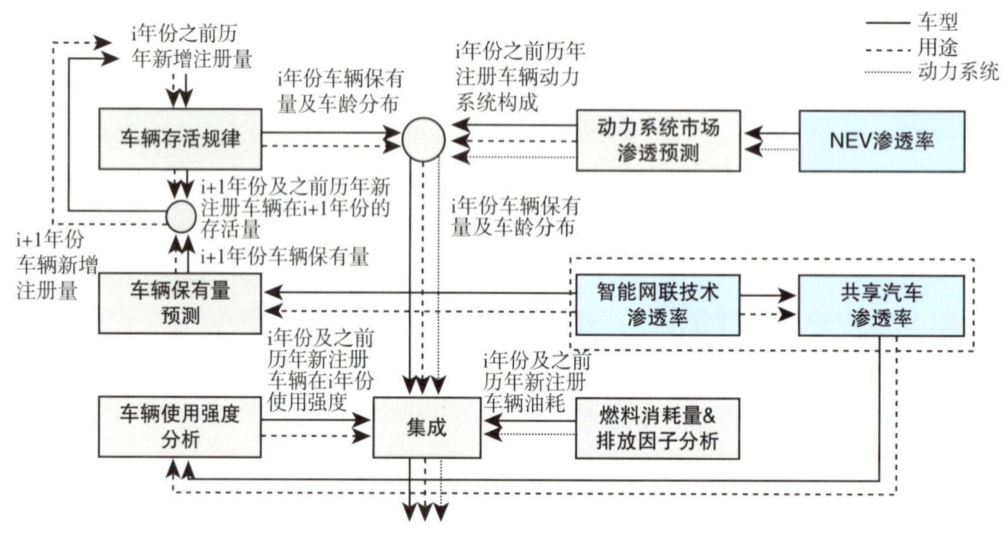

图 3.12 能源系统模型框图

本节研究的主要目的是探讨电动化、智能化、共享化趋势下交通领域能源与碳排放变化问题。电动化和智能化对所有车型都有重要影响，共享化主要对载人车辆有影响。对于载货汽车，在高水平调度下能实现大部分时间都满载运行，这类车辆产生的能耗 / 排放与其使用模式是否共享关系不大。载人车辆则有较大的共享空间，车辆平均载客量由 1 人提升到 2 人，可以显著减少道路运行车辆，进而降低排放。基于此，本节主要研究内容界定在道路交通的载人出行领域，包括乘用车和公共汽车。

3.3.2.2 三个革命的影响机制分析

图 3.13 给出了《中国道路交通领域汽车电动化、智能化、共享化三个革命的总体效果评估》所提出的汽车智能化、共享化影响的主要研究框架。框架以人们的总出行需求为基准，研究了用共享汽车代替普通汽车后可能产生的影响，并考虑了智能化因素对共享化的影响。总体上，智能化的单因素影响主要体现在单车

能耗和车队能耗上；共享化的单因素影响主要体现在总保有量变化上；同时智能化又会对共享化的推广产生正向影响。应当指出的是，本节所讨论的“共享化”指的是 carpooling 和 ridesharing 类型的共享，即能增加车辆载客量、提高其空间利用率的共享模式。

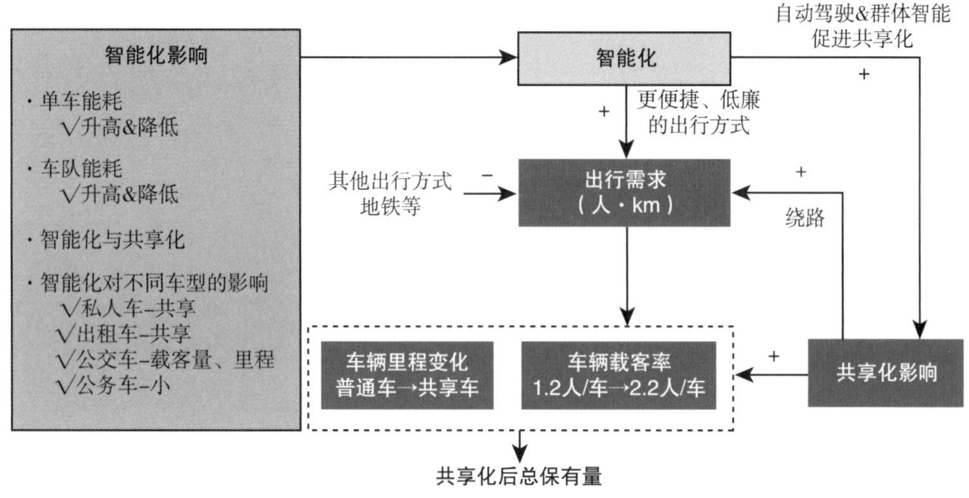

图 3.13　智能化 + 共享化对汽车保有量的影响

智能化对能耗的影响主要体现在以下方面：随着智能化等级的提高，汽车上必须搭载更多的电子设备，这些设备都会给车辆带来新的能耗；同时这些先进设备的导入，不仅可以实现自动驾驶、车联网等功能，也可以通过更加精细的控制实现进一步节能；进一步地，如果智能车渗透率达到一定程度时，还可以通过编队行驶、路径规划等方法实现整个车队的节能。

共享化对汽车保有量的影响逻辑在于：共享化的汽车平均载客率和车辆总里程都比普通乘用车高，造成每 1 台共享汽车相当于普通汽车数倍的运载能力。假设共享汽车的载客率是普通乘用车的 2 倍、行驶里程是其 5 倍，则 1 辆共享汽车大约可以代替 10 辆普通汽车的运载能力（当然，具体替代系数的确定需要考虑更多因素，如拼车绕路），由此可降低车辆总保有量需求。

图 3.13 中各要素之间也有一定的影响关系，主要体现在如下几点：第一，共享汽车在使用中要满足多位乘客不同的起始点、目的地要求，必然需要一定的绕路，这带来了总出行需求的提高；第二，随着技术的进步和汽车智能化的发展，当智能网联汽车成为一种更便捷、更低廉的出行方式时，必然引起更多的人选择这种出行方式，造成总道路出行需求的提高；第三，随着我国公共基础设施建设的升级，以城市轨道交通为代表的公共出行方式发展迅速，此类交通方式的出行

里程连年升高，吸纳了一部分原本分配给道路出行的出行需求，造成总道路出行需求量在一定程度上减少；此外，智能化也将对共享化推广造成正向影响，如智能汽车渗透率的提升、智能出行平台建设的完善等因素都是汽车共享化强有力的推动，因此本文假定智能化程度的提升将带来共享化率的进一步提升。

3.3.3 关键结果分析

根据《中国道路交通领域汽车电动化、智能化、共享化三个革命的总体效果评估》研究，未来汽车电动化、智能化、共享化渗透率将不断提升，同时汽车电动化、智能化与共享化将对能源消耗与碳排放减少产生不同结果。

3.3.3.1 主要结果——电动化、智能化与共享化渗透率

（1）电动化渗透率

预计 2050 年乘用车 EV 的峰值销量渗透率为 60%，HEV 的峰值销量渗透率为 20%，PHEV 的峰值销量渗透率为 15%，FCV 的峰值销量渗透率为 5%；大型客车 EV 的峰值销量渗透率为 60%，HEV 的峰值销量渗透率为 10%，PHEV 的峰值销量渗透率为 5%，FCV 的峰值销量渗透率为 20%。大型客车与乘用车发展曲线最大的不同是其电动化进程更快，在 2020 年即已在销量中达到约 30% 的电动化率。此外在燃料电池渗透方面，综合考虑其技术发展和基础设施建设进程，设定大型客车在 2025 年前发展速度缓慢，之后逐渐发展到 20% 的销量占比。

（2）智能化渗透率

综合考虑《节能与新能源汽车技术路线图》《智能网联汽车发展规划》《新能源汽车 2035 中长期规划》等文件，研究认为 ADAS 系统有较好的应用前景，将在 2050 年达到 20% 的销量渗透率；L3 级自动驾驶作为过渡级别，投入研发的厂商不多，可能的应用场景有限，设定其远期销量渗透率为 10%；高等级自动驾驶未来前景较广阔，给出其远期销量渗透率为 40%。

（3）共享汽车渗透率

由于共享出行和共享汽车是相对较新的概念，目前尚无这方面的充分数据。通过对汽车共享情况的假设和推断，假设 2050 年共享汽车渗透率超过 15%，在远期达到 20%。进一步地，由于智能化技术的发展将对共享化产生推动作用，因此在同时考虑智能化和共享化的情况下，通过智能化率对共享化率进行正向修正。

3.3.3.2 主要结果——电动化、智能化与共享化对能耗和碳排放的影响

根据以上智能化渗透率发展假设以及前文给出的智能化情景下的交通能源系统计算方法，得出电动化、智能化与共享化后的能耗与碳排放情况。研究智能化以电动化情景作为基础情景，考虑到中国的交通领域电动化进程推动很快，到

2050 年中国很有希望达到本文所设定的电动化程度。研究共享化以“电动化 + 智能化”情景作为基础的原因是，共享化技术需要依托于一定程度的智能化技术来实现，如当前的 car hailing 等服务需要基于智能化的交通服务平台实现。如果未来交通系统和交通工具无法进一步智能化，则很难实现更进一步的共享化。智能化对交通能源系统能耗和碳排放的影响如图 3.14 和图 3.15 所示。

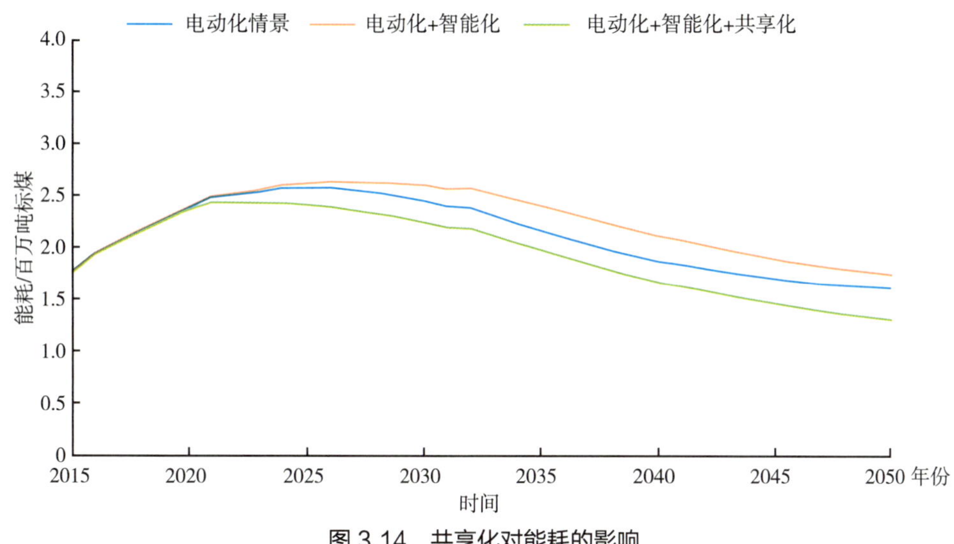

图 3.14　共享化对能耗的影响

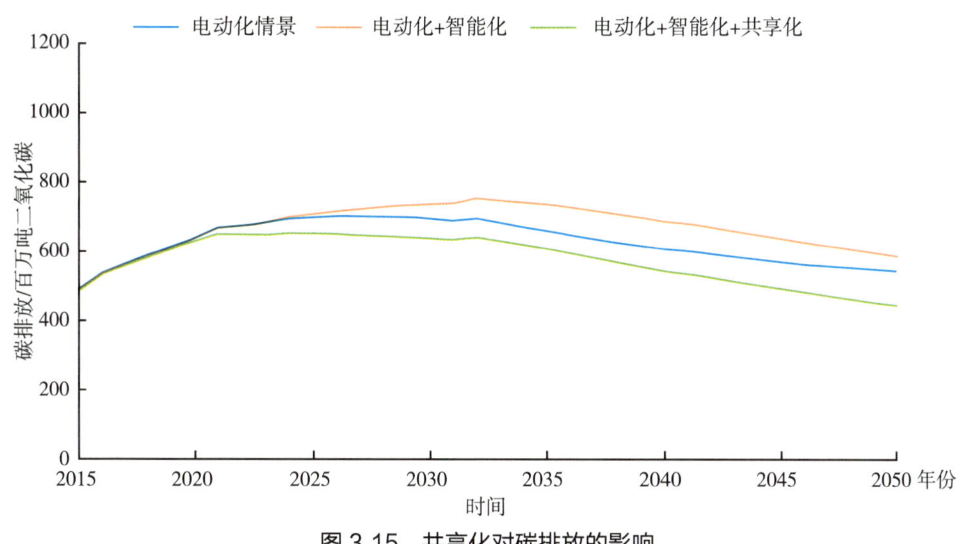

图 3.15　共享化对碳排放的影响

由图中可以看出，智能化带来的最大变化是能耗和碳排放都有一定程度增加。智能汽车由于搭载了大量新电子、通信装备，能耗也将有不同程度的增加；但随着智能汽车渗透率的增加，可以通过多种手段提高以智能汽车为基础的智能交通的通行效率，实现车队节能。图 3.14 中智能车新增的能耗呈现先上升后下降的趋势，就是以上推断的体现。与电动化、智能化场景相比，导入共享化后，能耗与碳排放峰值有明显下降，同时达峰年份有所提前。共享化对节能减排的总体效果显著，未来能源政策应重视推动共享化（关键是 ride sharing）的推广。

3.3.4 关键政策建议

3.3.4.1 总体政策框架

车辆的电动化、智能化、共享化与未来交通领域的发展息息相关，城市和交通的发展进程将很大程度上取决于政府实施的政策。下面，我们针对不同程度的电动化、智能化、共享化发展程度（缓慢的 3R、中等的 3R、快速的 3R）及相应的政策支持进行框架性描述。

（1）缓慢的 3R

本政策场景下，总体政策方向没有大范围变化，基本沿袭传统政策。

在电动化方面，国家政策应对车辆的电动化和交通系统的脱碳进程进行有限的支持。

在智能化方面，倾向于保留交通系统智能化的政策障碍，对智能化技术的支持力度有限。

在共享化方面，国家政策应对共享汽车推广进行有限的支持；保持对私人乘用车新车的保护，而非引导其转变为共享车辆；汽车产业发展政策依然以私人汽车为核心；同时保持对公共交通、步行、自行车等交通方式的支持。

（2）中等的 3R

本政策场景的总体目标是推动电动化和智能化快速发展，共享化保持自然发展水平，需要较多的政策干预。

在电动化方面，应继续支持新能源汽车推广，包括税收减免、财政补贴、放宽限行限购等；大力支持新能源汽车基础设施建设，包括财政支持和政策支持；建立完善的碳排放税收制度，大力投入低碳发电；调控油价、调控高碳排放的燃油车辆，使新能源车辆具备对比优势；鼓励私人和商用电动汽车错峰充电，实现电网协同；部分城市区域设置新能源汽车通行区域，从空间上限制燃油车辆的使用；在政府层面支持新一代动力电池、先进充电技术等新能源汽车瓶颈技术的攻关；设立新能源汽车置换补贴。

在智能化方面，要进一步完善法制、统一标准，减少自动驾驶汽车发展的法律阻碍；制定针对自动驾驶汽车的安全、责任法规；制定完善的数据安全和隐私保护机制；在政府层面支持自动驾驶关键技术的研发、测试、应用。

在共享化方面，要保持初级 3R 的政策力度。

（3）快速的 3R

本政策场景的总体目标是在电动化和智能化基础上推广共享化，需要全面而广泛的政策干预。

在电动化和智能化方面，要保持中级 3R 场景的政策力度。

在共享化方面，应对高使用效率车辆（合乘人数较多）进行鼓励和补贴；对私有车辆和无乘客车辆进行政策上的限制；鼓励公交运营机构推广中小型、非固定线路公共运营车辆，满足乘客需求；推动数据技术在共享化中的应用；支持无人公交车，提高共享率和降低运营成本；优化城市土地使用和城市交通规划；持续增加对公共交通、步行、自行车等低碳基础设施的支持。

3.3.4.2 我国关键政策调整方向

通过一系列手段推动交通领域的电动化、智能化、共享化发展是未来的必然趋势。虽然我国已经在很多方面开展了实践，如在电动化方面，在新能源汽车推广、关键技术研发、基础设施建设、上游产业绿色化等多个环节实施了一系列行之有效的政策，推动我国成为世界新能源汽车第一大国。然而在未来三个革命发展中仍有很多不同于以往的变化，需要进一步考察并作相应调整。

（1）关键问题梳理

主要包括：未来很长一段时间内，中国汽车市场燃油车仍占据主流 / 重要地位；由于火电比例较高，中国电能碳排放因子相对较高；随着经济发展，我国交通领域出行需求增长速度很快，这是汽车保有量迅速增长的源动力；智能车辆搭载更多智能化装备，将产生更高的单车能耗；智能化导入初期，智能化装备带来更多单车能耗，而智能车的规模效应不能实现车队节能，因此会带来总体能耗增加的问题；共享化可以提高车辆使用效率，但无法避免由多个乘客带来的绕路问题。

其中部分问题已有大量针对性研究开展，我国政府也已经着手实施相关政策。但需要注意的是其中有两个是智能化和共享化过程中出现的新问题：一是智能化导入初期的能耗问题；二是共享汽车的绕路问题。

对于第一个问题，交通系统的智能化可以实现进一步的安全、高效、环保、便捷，是必然的发展趋势。而智能车单车能耗问题是客观存在的，需要在政策引导中加以重视，如不应机械地套用节能减排政策去要求智能化车辆。一方面，可以考虑在推广初期，根据汽车的智能化等级，在能耗方面分别予以一定程度的放宽。另一方面，以智能汽车为基本元素的智能交通系统可以提高交通通行量和车辆使用效率，进而实现车队级别的节能减排，这部分优势目前还没有系统的评价标准，应当从政府层面予以支持。

对于第二个问题，共享化可以提高车辆利用率是实现低碳化的有效方法，智能化是其前置支持。即使在早期难以避免绕路问题，共享带来的车辆总里程也有可观的降低，进而推动整个交通系统的节能减排。未来随着智能化技术、物联网技术、先进通信技术的发展，可以通过中心管控对全区域车辆进行最优化协调，减少绕路问题。因此，共享化与智能化联系极其紧密，应同时发展。

（2）关键政策方向

针对以上问题提出对应的政策调整方向，如表 3.2 所示。

表 3.2　关键政策方向建议

领域	政策方向建议
汽车产业	鼓励从双积分机制向碳排放交易政策体系过渡，统筹汽车产业节能减排； 节能汽车与新能源汽车协调发展； 不放松对汽车节能技术的支持； 对新能源汽车能耗进行一定控制
能源系统（上游）	降低电能碳排放因子：要求电力系统清洁化、建立低碳电能 / 氢能供应体系 降低石油燃料 WTW 排放因子：要求石化系统进一步清洁化
交通管理（下游）	通过合理的城市规划，减少人们的出行里程和出行需求； 推广共享化，提高车辆利用率，减少总出行里程
其他	导入智能网联汽车车队节能概念，并形成相应的标准与法规； 智能网联汽车导入初期，应适当考虑智能车能耗要求； 支持面向智能交通系统的新型能源经济评价模型，综合考虑智能车辆单车能耗提升和车队节能

第 4 章　智能低碳交通发展目标及总体路径

智能低碳交通发展需要谋定而后动，厘清思路、明确目标十分重要。本章系统提出了智能低碳交通发展的思路及目标，并在此基础上提出了包括构建绿色高效交通运输体系、推进智能低碳交通基础设施建设、发展智能低碳交通工具和推进绿色低碳出行方式在内的实现智能低碳交通发展的总体路径。

4.1　智能低碳交通发展思路

4.1.1　发展思路

以习近平新时代中国特色社会主义思想为指导，深入贯彻党的二十大精神，全面贯彻落实习近平生态文明思想以及关于交通运输重要论述精神，紧紧围绕统筹推进“五位一体”总体布局和协调推进“四个全面”战略布局，全面落实《交通强国建设纲要》《国家综合立体交通网规划纲要（2021—2050）》等战略部署，坚持新发展理念，坚持高质量发展，以建设人民满意交通为根本宗旨，以建设智能低碳综合交通运输体系为核心目标，以调结构、转方式、重创新、强治理为根本途径，着力推动绿色高效交通运输体系、智能低碳交通基础设施、低碳交通工具、绿色低碳出行方式，形成智能低碳导向的交通运输发展方式、生产方式和消费模式，更好地服务交通强国和美丽中国建设。

4.1.1.1　调结构

坚持把调整交通运输结构作为交通运输智能低碳发展的主攻方向。坚持以建设现代综合交通体系为战略统领，按照“宜水则水、宜陆则陆、宜空则空”的原则，充分发挥各种运输方式的比较优势和组合效率，加快发展水运、铁路等智能绿色运输方式；建设以铁路、公路客运站和机场等为主的综合客运枢纽，以铁路和公路货运场站、港口和机场等为主的综合货运枢纽；加强城市间交通的衔接性，主要城市群内部推进城际铁路、城市轨道交通建设，发展跨区域城际公交。

4.1.1.2 转方式

坚持把建立智能绿色交通发展方式和出行模式作为推动交通运输智能低碳发展的根本途径。实施公交优先发展战略，实现公共交通的规划优先、用地优先、资金优先和路权优先，加快快速公交、公交专用道、轨道交通的建设以及自行车道、行人道等慢行系统的建设，发展大运量公共交通系统。

4.1.1.3 重创新

坚持把低碳能源革命和科技创新作为推动交通运输低碳发展的根本动力。以节约低碳作为加快转变交通运输发展方式的重要抓手和核心内容，充分挖掘交通运输发展各领域、各环节的节能降碳潜力。着力突破加强节能与新能源装备设备的自主研发和创造水平，发展电动化、智能化、共享化交通运输工具。

4.1.1.4 强治理

坚持把低碳治理体系和治理能力现代化作为推动交通运输低碳发展的重要支撑。统筹优化低碳交通管理机构，建立科学合理的低碳交通管理体制机制；统筹交通基础设施空间布局，提升资源集约利用水平；积极研究制定交通运输低碳技术和模式方面的支持政策；发挥市场在资源配置中的决定性作用，探索差别化的交通管理实施方法。

4.1.2 基本原则

4.1.2.1 统筹协调，系统推进

统筹国际国内两个大局，统筹协调经济社会与交通运输高质量发展，科学统筹各种运输方式、区域、城乡交通运输协调发展，统筹近期发展与长远发展，充分挖掘结构、技术、管理节能减碳潜力。坚持目标引领与问题导向相结合，切实把应对气候变化和低碳发展摆在突出位置，把智能低碳发展理念贯穿交通运输发展各领域、各环节，全方位、全领域、全地域、全过程推进低碳交通运输体系建设。着力抓重点、补短板、强弱项，以提升交通基础设施、运输装备、运输组织、能源科技的低碳化水平为任务导向，在重点领域和关键环节集中发力，不断拓展交通运输低碳发展的广度和深度，形成交通运输发展与应对气候变化、生态文明建设相互促进的良好局面。

4.1.2.2 创新驱动，现代治理

坚持把创新作为推动交通运输智能低碳发展的第一动力，把改革创新贯穿到交通运输低碳发展的各个环节，大力推进理念创新、科技创新、体制机制创新和

管理服务创新，积极培育低碳交通新产业、新业态、新动能，充分发挥创新驱动在低碳交通运输发展中的支撑引领作用。深化体制机制改革，从源头上破解深层次矛盾和问题，着力构建交通运输低碳发展长效机制，促进交通运输发展方式的根本性转变。深化交通运输供给侧结构性改革，构建以低碳为导向的体制机制和政策支持体系、交通运输低碳治理体系和治理能力现代化，推动形成交通运输低碳发展长效机制。

4.1.2.3 开放协同，共治共享

以战略眼光、全球视野谋划推动交通运输低碳发展，坚持交通运输引进来与走出去并重，注重高水平开放合作，强化国内外协同合作。政府主动作为，综合运用经济、法律、行政、技术等手段，注重完善工作机制和配套政策，切实强化政府监管约束和激励引导作用。充分发挥市场对资源配置的决定性作用，广泛调动企业作为低碳发展主体的积极性和创造性，引导社会公众广泛参与，倡导绿色交通消费模式和出行方式，着力构建约束和激励并举的低碳交通制度体系，努力建设全社会共治共享的低碳交通行动体系，形成政府有效推动、企业自觉行动、社会共同行动的工作格局，形成交通运输低碳发展合力。

4.2 智能低碳交通发展目标

4.2.1 2030 年目标

到 2030 年，努力实现交通运输二氧化碳排放达峰，总量控制在 10.1 亿吨以下。交通运输终端能源消费量控制在 5.2 亿吨标准煤左右，油品消费总量控制在 3.9 亿吨标准煤以下，电力能源占比达到 10% 以上。绿色低碳的综合运输结构和出行服务体系基本形成，结构减排作用得到充分发挥；低碳交通技术创新能力和总体水平进入世界先进行列，节能低碳先进适用技术和产品得到广泛推广应用，智能交通体系建设达到世界前列；低碳能源转型取得突破性进展，清洁能源和新能源占比明显提升；基本实现交通运输低碳治理体系和治理能力现代化，总体适应并适度超前基本建成美丽中国和交通强国的需要，为基本实现社会主义现代化充分发挥支撑保障和先行引领作用。

4.2.1.1 集约低碳的综合运输结构基本形成

交通基础设施网络综合覆盖度进一步提升，国内通达、通畅性显著提高，各种运输方式的比较优势得到充分发挥，基本实现“宜水则水、宜陆则陆、宜空则空”；重要港区基本实现铁路进港全覆盖，港口集装箱铁水联运比例显著上升，铁路、水运的货物周转量承运比例达 54.5%，沿海港口集装箱铁水联运比例达到

10% 以上，结构减排效应与贡献得到充分挖掘。

4.2.1.2 绿色出行方式和消费模式基本形成

公交分担率在大型城市达到 63%、中型城市达到 50%、小型城市达到 35%，轨道交通运营里程达到 8000 千米，共享出行比例占比达到 15%，共享单车日均使用量 6000 万人次，电子商务占社会消费零售比例达到 40%。

4.2.1.3 交通运输低碳能源和技术革命基本实现

智能化水平显著提升，成为交通运输低碳发展的最重要途径。轻型车辆中新能源汽车占比达到 18.5%，货运车辆中新能源货车占比达到 10%；智慧交通、智慧物流在大部分城市得到广泛应用。

4.2.1.4 交通运输低碳治理体系和治理能力现代化基本实现

低碳交通治理的领导责任体系、企业责任体系、全民行动体系、监管服务体系、市场体系、信用体系、政策法规体系、标准规范体系基本健全；低碳交通理念成为社会共识，中国特色的低碳交通文化蔚然成风；交通运输需求得到合理引导和有效调控，私家车保有量控制在 260 辆 / 千人以下；交通运输低碳发展统计监测考核体系、监管服务体系全面建成，高素质、专业化低碳交通人才队伍基本形成。

4.2.2 2050 年目标

到 2050 年，交通运输二氧化碳排放总量控制在 4.7 亿吨以下。交通运输终端能源消费量控制在4.3亿吨标准煤左右，油品消费总量控制在1.6亿吨标准煤以下，电力能源占比达到 44% 以上。全面实现交通运输低碳治理体系和治理能力现代化，全面建成与社会主义现代化强国、美丽中国和交通强国相适应的低碳交通运输体系，为建成富强民主文明美丽和谐的社会主义现代化强国提供有力支撑，为全球平均气温温升控制在 2℃、力争 1.5℃之内做出重要贡献。

4.2.2.1 集约低碳的综合运输结构全面形成

全面建成资源节约、衔接高效的综合立体交通网，全面形成 TOD 发展模式；绿色运输方式在综合交通运输体系中居于主导地位，各种运输方式的综合优势和组合效率显著提升，实现“宜水则水、宜陆则陆、宜空则空”。铁路、水运承担货运周转量比例达 40.3%，沿海港口集装箱铁水联运比例达到 30% 以上。

4.2.2.2 便捷优质的绿色出行体系全面形成

公交分担率在大型城市达到 65%、中型城市达到 55%、小型城市达到 40%，轨道交通运营里程达到 12500 千米，共享出行比例占比达到 50%，共享单车日均使用量 8000 万人次，电子商务占社会消费零售比例达到 70%。

4.2.2.3　交通运输电动化、智能化和共享化革命全面实现

新增运载工具绝大部分使用新能源或清洁能源；最大限度发挥结构、技术、管理节能降碳的协同效应，实现交通运输全领域、各环节的清洁低碳，形成与资源环境承载力相匹配、与生产生活生态相协调的低碳综合交通运输体系。新能源汽车占全部轻型车比例达到 85.5%，新能源货车占全部货车比例达 50%；在绝大部分城市开展智慧交通、智慧物流应用。

4.2.2.4　交通运输低碳治理体系和治理能力现代化全面实现

导向清晰、决策科学、执行有力、激励有效、多元参与、良性互动的低碳交通治理体系全面形成；绿色出行成为全民自觉习惯，低碳交通文化成为生态文明的重要亮点，交通运输需求管理全面实现科学化、减量化，私家车保有量控制在 200 辆 / 千人以下；交通运输低碳治理能力全面实现现代化。

4.3　智能低碳交通发展总体路径

4.3.1　构建绿色高效交通运输体系

4.3.1.1　优化运输结构

现阶段交通基础设施空间布局总体呈东密西疏特征，客运基础设施布局主要集中于经济、人口密集的城市群区域，而货运基础设施布局与产业格局还有一定偏差。同时我国交通运输智慧化绿色化水平不强，综合交通运输结构不合理，多种运输方式相对独立，严重制约了综合交通系统高质量可持续发展。面对这些问题，未来应加强交通运输资源整合和集约利用，建设高效率国家综合立体交通网主骨架；提高铁路、水路在综合运输中的承运比重；梳理绿色高效交通运输体系的先进与不足，加强智慧低碳交通系统布局。

4.3.1.2　整合运输模式

智能调度在运输任务中发挥着计划、组织和管理作用，能够确保各项作业顺利完成，为旅客提供个性化、多元化、高质量服务，是构建高效交通运输体系的重要部分之一。然而，单一运输方式各有优劣，多式联运通过结合多种运输方式的优势，实现两种及以上交通运输方式的精准衔接，能够有效提高交通网络的覆盖面积，提升装卸效率，减少货物在途时间，同时减少货差货损。

4.3.1.3　建设智慧物流体系

由于物流贯穿生产和销售的所有环节，是企业生产能力和服务水平的重要支撑，如何让物流系统满足智能制造时代的企业发展需求，是当前企业尤其关注的问题。当前，我国面临着物流过程分散、运作效率低下、管理手段落后、信息

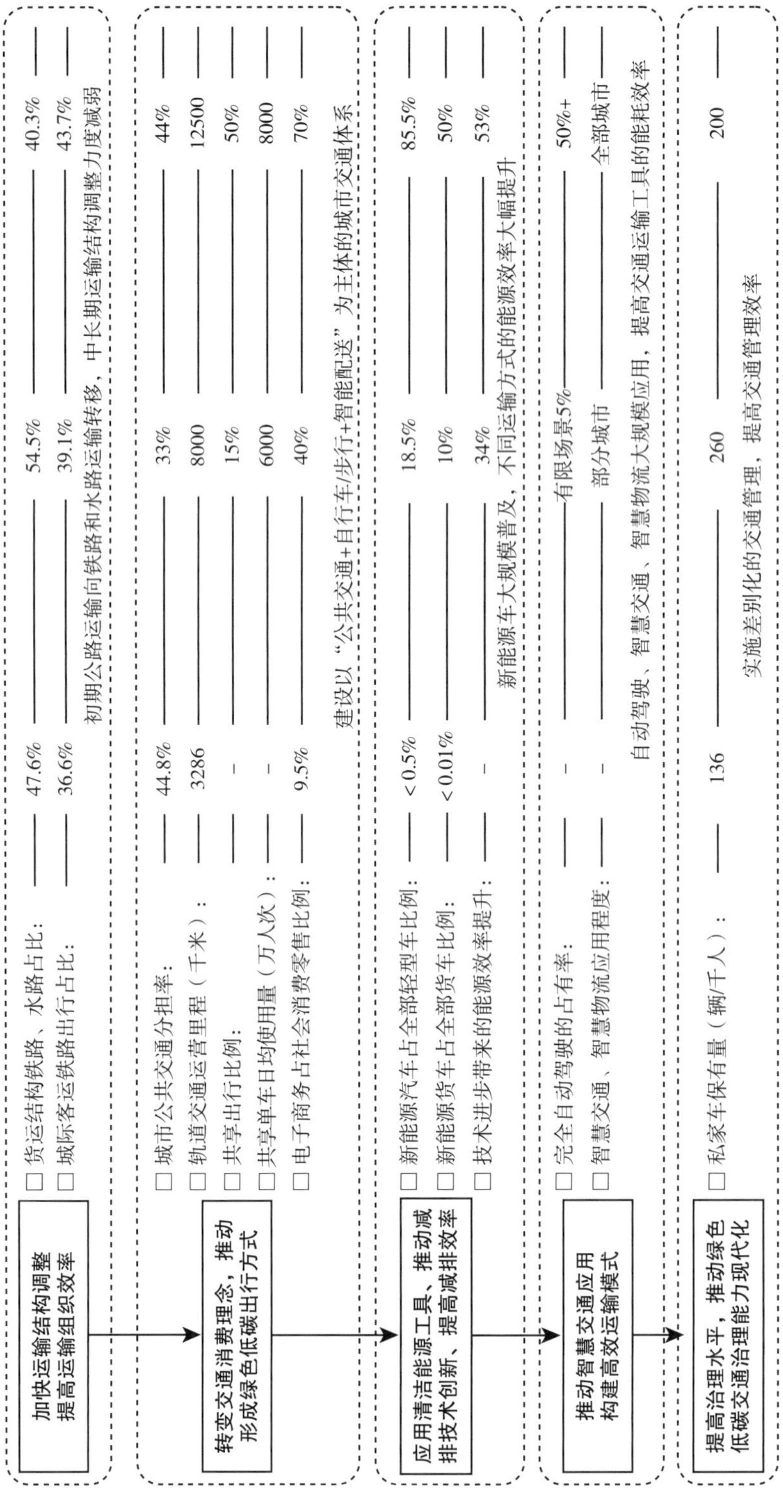

发展方向	指标	2015年	2030年	2050年
加快运输结构调整 提高运输组织效率	□ 货运结构铁路、水路占比：	47.6%	54.5%	40.3%
	□ 城际客运铁路出行占比：	36.6%	39.1%	43.7%
	初期公路运输向铁路和水路运输转移，中长期运输结构调整力度减弱			
转变交通消费理念，推动形成绿色低碳出行方式	□ 城市公共交通分担率：	44.8%	33%	44%
	□ 轨道交通运营里程（千米）：	3286	8000	12500
	□ 共享出行比例：	-	15%	50%
	□ 共享单车日均使用量（万人次）：	-	6000	8000
	□ 电子商务占社会消费零售比例：	9.5%	40%	70%
	建设以“公共交通+自行车/步行+智能配送”为主体的城市交通体系			
应用清洁能源工具、推动减排技术创新、提高减排效率	□ 新能源汽车占全部轻型车比例：	＜0.5%	18.5%	85.5%
	□ 新能源货车占全部货车比例：	＜0.01%	10%	50%
	□ 技术进步带来的能源效率提升：	-	34%	53%
	新能源车大规模普及，不同运输方式的能源效率大幅提升			
推动智慧交通应用 构建高效运输模式	□ 完全自动驾驶的占有率：	-	有限场景5%	50%+
	□ 智慧交通、智慧物流应用程度：	-	部分城市	全部城市
	自动驾驶、智慧交通、智慧物流大规模应用，提高交通运输工具的能耗效率			
提高治理水平，推动绿色低碳交通治理能力现代化	□ 私家车保有量（辆/千人）：	136	260	200
	实施差别化的交通管理，提高交通管理效率			

图 4.1　交通运输低碳发展路线图及里程碑

化程度低、供应链难协同等问题。依托综合立体交通网主骨架布局，加快智慧物流网络建设，形成智慧物流配送体系，构建智慧物流体系是解决这些问题的重要手段。

4.3.2　推进智能低碳交通基础设施建设

随着运输工具低碳发展，发展智能低碳的交通基础设施无疑是未来发展的必然趋势。我国智能低碳交通基础设施目前存在核心技术路径不明确、制度保障措施不健全、低碳利用循环水平低等重要问题。因此，应根据“双碳”背景下智能低碳交通基础设施建设的总体要求、重点任务和组织保障措施，细化行动路径与举措，制定专项方案，全面提升智能交通基础设施的绿色化水平。构建全过程节能降碳管理链条，针对智能低碳基础设施设计、招投标、施工、运营各个阶段管理特点和需求，纳入节能降碳效益评估，强化绿色低碳技术方案审查。实施碳排放跟踪监测制度，实现对碳排放量的监控和调优。

考虑到未来交通系统能耗（和碳排放）产生的不确定性，对交通基础设施的开发和应用效果需要以能耗和环境影响作为重要考量，充分发挥交通基础设施在节能低碳化交通发展的关键作用。因此，应加强低碳型智能交通基础设施应用，重点针对车路协同交通系统、智能节电技术和智慧监控等展开技术研究和试点工作，着力强化智能低碳交通基础设施技术创新应用，提升生态文明与碳排放管理能力，打造绿色低碳建设新场景。

4.3.3　发展智能低碳交通工具

现存的智能交通工具对电池能量能承载的密度有限，直接导致电池出现部分损耗或者续航能力降低。通过研究交通运输工具的电动化和新能源化，重点对新能源汽车技术、新能源船舶技术、铁路电气化技术进行探索。通过合理的选材和设计，加快交通工具转型，发展绿色智能的交通工具。

随着交通运输工具数量的增加和能耗排放法规的日益严格，交通运输工具节能减排面临巨大挑战，交通运输工具智能化和网联化是实现我国碳达峰碳中和的主流方式，是提高未来交通效率和减少汽车能源消耗的有效路径。应针对我国汽车、铁路和船舶三大运输方式的发展历程、发展现状和关键技术，分析和总结智能低碳交通工具发展趋势及特点，着力提升交通工具的绿色化和智能化水平，构成推进交通运输现代化发展的有机体系。

4.3.4 推行绿色低碳出行方式

4.3.4.1 构建城市低碳出行系统

城市交通运输是城市碳排放的主要来源之一。过量的私家车出行会导致城市交通拥堵，产生效率低下、能源浪费问题。实施城市发展公共交通战略，提高公共交通出行占比、优化公共交通体系以及推动绿色出行能够有效助力交通运输碳减排。大力发展慢行交通和共享交通，在公共交通规划、用地、资金及路权等方面给予优先支持，通过不断规范发展网约车、共享单车行业，提升共享出行在城市客运系统中的比例。着力打造高品质、温馨舒适的自行车道、行人道等，加强不同类型交通工具换乘的便捷性和智能化，推动城市交通客运向绿色化方向发展。

4.3.4.2 智慧赋能绿色出行

随着城市化进程的加快，城市人口不断提高，不断发展的城市需要交通系统的可持续支撑。应充分利用数字化技术，搭建智能出行信息服务平台，优化路网结构、改善运输线路，使公共交通体系更便捷、高效，降低空驶率、空载率、空置率。加快智慧停车应用，减少因交通拥堵高峰状态下产生的碳排放量，助力绿色化出行服务。

第 5 章　构建绿色高效交通运输体系

实现交通运输低碳发展，须把调整交通运输结构作为低碳发展的主攻方向，建设以智能低碳为特征的现代综合交通体系。本章从优化调整大宗货物交通运输结构、推广高效运输组织模式、建设智慧物流体系方面，介绍了构建绿色高效交通运输体系，充分发挥各种运输方式的比较优势和组合效率，可提升资源集约利用水平、实现结构减排效应的最大化。

5.1　优化调整大宗货物交通运输结构

5.1.1　加快建设综合立体交通网

5.1.1.1　现阶段交通基础设施空间布局总体呈东密西疏特征

《综合交通网中长期发展规划》提出了全国“五纵五横”综合运输大通道和 42 个全国性综合交通枢纽城市的布局方案。目前，“五纵五横”综合运输大通道基本建成，通道内的高铁营业里程约占全国高铁总营业里程的 90%，通道涵盖了大部分重要的国家高速公路路线，全国过亿吨港口和千万人次以上机场均在通道内，整体客货运输能力大幅提升。

我国整体空间布局总体呈东密西疏特征，东西部地区人口与产业分布、经济发展存在很大差异，“胡焕庸线”东侧区域占国土面积的 43.8%，集聚了全国 94.1% 的人口，创造了全国 95% 的 GDP，城市分布较密；“胡焕庸线”西侧区域国土面积大，人口少，经济总量小，城市分布稀疏。一方面，目前高速铁路主要分布在“胡焕庸线”以东，国家高速公路、普通铁路、民航运输机场在“胡焕庸线”以东区域较为密集，以西区域较为稀疏。根据测算，西部地区铁路、高速公路、运输机场的面积密度是东中部地区平均水平的 23% ~ 40%。另一方面，西部地区铁路、高速公路、运输机场的人口密度或汽车密度、经济密度均超过全国平均水平，是东中部地区平均水平的 1.9 ~ 4 倍。这体现了交通在推动西部地区经济社会发展、服务和改善民生中，在支撑国家重大战略实施中，积极发挥了基础性、先导性作用。

5.1.1.2 未来货运基础设施布局需要与产业格局保持一致，客运基础设施布局主要集中于经济、人口密集的城市群区域

在货运方面，货运需求主要集中于重要的资源、产业集中区和消费密集地区之间。2030 年全国 60% 以上的省际货运主要发生在长三角、京津冀、珠三角、成渝、呼包鄂榆、长江中游城市群等区域间。伴随“一带一路”建设、长江经济带、京津冀协同发展等国家战略的实施，制造业和商贸业逐步从沿海发达地区向中西部地区转移，中西部地区货运需求增速将超过东部发达地区，全国层面的货运格局趋于更加均衡。2030 年全国货运需求的主要货运通道集中于沿海、京沪、京台、京广、陆桥、沿江、京港、京津冀至新疆、京昆、福州至西北、二连浩特至湛江、昆（明）至广（州）等通道内。传统单一货类特征突出的能源通道总运量规模被京沪、京广等综合型货运通道所赶超，东北入关货运需求突出，渤海湾跨海运输需求具备一定规模。

在客运方面，客运需求分布与人口布局高度一致，在空间上主要集中于经济、人口密集的城市群区域。国家级城市群和重要的区域级城市群间的客运联系是我国客运通道的主骨架。随着区域经济一体化进程的推进，以及东部产业逐渐向中西部梯度转移、交通基础设施网络不断完善等相关因素影响，主要城市群之间的经济社会联系将进一步增强，主要城市群之间的出行在全国客运格局中所占的比例也将不断提高。到 2030 年，东部地区客运量占比略有下降，中西部地区略有上升，区域不平衡情况出现一定缓解。随着扶贫攻坚、西部大开发战略及“一带一路”倡议不断推向纵深，西部地区产业转型升级以及旅游业的发展，革命老区、民族地区、边疆地区等低于平均经济发展水平地区的交通运输服务显著改善，中西部地区的人口总量和经济社会发展水平将得到有效提升，同东部地区的差距有所缩小，“胡焕庸线”以西的客运需求比例有望小幅提升，但东高西低的客运需求格局不会发生大的变动。2030 年全国客运需求主要客运通道集中于沿海京沪、京台、京广、陆桥、沿江、沪昆、京昆、福州至西北、昆（明）广（州）等通道内。其中陆桥通道西段客流将逐步接近中东部地区通道规模，成渝通道客流向南向东延伸，东南沿海（福州、厦门、潮汕等）向西客流增长迅速。京津冀、长三角、珠三角地区对外的客运通道压力依然突出。

5.1.1.3 统筹交通基础设施空间布局，提升资源集约利用水平

充分考虑我国资源禀赋，统筹交通基础设施空间布局，提升资源集约利用水平。科学编制交通规划，节约集约利用线位资源，提高资源利用效率。统筹考虑

区域间、区域内产业布局、资源条件及发展需求，合理确定交通大通道的结构与规模，避免重复建设，提升完善通道功能，提高综合交通枢纽衔接转换效率，到2025年形成内外互联互通的“十纵十横”综合运输大通道；到2050年建成布局完善、规模合理、结构优化、资源集约、衔接高效、互联互通的立体综合交通网络。

5.1.2 提高铁路、水路在综合运输中的承运比重

5.1.2.1 提高“公转铁”运输水平

一是加大货运铁路建设投入。加快完成蒙华、唐曹、水曹等货运铁路建设，显著提高重点区域大宗货物铁路水路货运比例，提高沿海港口集装箱铁路集疏港比例。环渤海、山东、长三角地区沿海主要港口、唐山港、黄骅港的矿石、焦炭等大宗货物主要改由铁路或水路运输，并向其他地区推进。

二是积极推进运输方式创新。加快推进多式联运、江海直达运输、甩挂运输、滚装运输、水水中转等先进运输组织方式，提高运输及物流效率。依托铁路物流基地、公路港、沿海和内河港口等，推进多式联运型和干支衔接型货运枢纽（物流园区）建设，加快推进集装箱多式联运。建设城市绿色物流体系，支持利用城市现有铁路、物流货场转型升级为城市配送中心。积极推进以港口为枢纽的铁水联运，打通海铁联运“最后一公里”，提高海铁联运比例。推动扩大集装箱、干散货江海直达船队规模。持续推进内河船型标准化工作，研究完善过闸运输船舶标准化船型主尺度，制定出台国家强制性标准，发布基于内河船舶的特定航线江海直达船舶标准规范。

5.1.2.2 畅通“公转水”设施网络

积极开展内河航运振兴行动，加快畅通重要航段和运输通道，补齐内河航运短板，提升内河航运干支联动能力。大力推广应用集装化运输装备，推进内河运输船舶、江海直达船舶的标准化。统筹江海直达和江海联运发展，积极推进干散货、集装箱江海直达运输。推进长三角、珠三角等港口群加强合作，提高水水中转比例。大力发展多式联运、江海直达运输、甩挂运输、滚装运输、水水中转等高效运输组织方式。

“十四五”期间，我国将继续加大内河水运发展补短板力度，完善长三角、珠三角高等级航道网畅通延伸，加快打通关键瓶颈节点，加快“四纵四横两网”内河国家高等级航道建设。预计新增及改善内河航道里程5000千米左右，新增国家高等级航道达标里程2500千米左右，有效打通主要瓶颈和碍航节点，通达范围进一步延伸。继续加快长江、西江、淮河等水运大通道扩能升级，继续

完善长三角、珠三角高等级航道网畅通延伸，有序推进引江济淮航运工程建设。到 2035 年基本建成“四纵四横两网”国家高等级航道 2.5 万千米。加快既有设施智能化，利用新技术赋能交通基础设施发展，加强既有交通基础设施提质升级，提高设施利用效率和服务水平。加强内河高等级航道运行状态在线监测，推动船岸协同、自动化码头和堆场发展。为运输结构优化调整，推进碳达峰碳中和交通运输工作作出更大贡献。

5.1.3 加强智慧低碳交通系统布局

5.1.3.1 着眼新时代绿色低碳交通运输体系建设，为交通运输行业更高质量发展注入动力

《国民经济和社会发展第十四个五年规划和 2035 年远景目标纲要》为我国未来数年绿色交通运输发展指明了方向，其中提出要健全绿色低碳循环发展的流通消费体系，打造绿色物流，积极调整运输结构，加强物流运输组织管理，推广绿色低碳运输工具，鼓励发展智慧仓储、智慧运输；加快基础设施绿色升级，提升交通基础设施绿色发展水平，积极打造绿色公路、绿色铁路、绿色航道、绿色港口、绿色空港；构建市场导向的绿色技术创新体系，鼓励绿色低碳技术研发，实施绿色技术创新攻关行动。

通过科技赋能进一步优化交通运输行业整体运行效率，驱动物流供应链向绿色循环、低碳发展转型升级。在信息化时代，大数据、物联网、人工智能、区块链等技术为绿色交通运输提供底层技术支持，推动交通运输产业人员、设施货物以及流程等全面接入互联网，主要集中在统一数字平台、数字化运营、智慧化作业等方面，从技术装备、业务模式等方面进行供给侧调整与改革。如图 5.1 所示，围绕“仓储、干线和支线运输、物流节点”三大环节，构建“智慧运输”“智能仓储”“智慧枢纽”等场景化解决方案，实现交通运输全链条数字化、智慧化、智能化，实现交通运输行业持续降本增效。

数字化仓储：实施智能化改造行动，通过利用宽窄一体的 eLTE 无线通信技术和 IoT 平台，统一连接和管理 AGV 无人车、自动扫码机等物流自动化设备，同时通过窄带物联网络广泛联接托盘、叉车等资产，从而实现自动进出库、自动盘点以及资产精准定位跟踪等功能，打造高效快速的数字化仓储。

智能运输：针对干线和“最后一公里”运输过程，鼓励和支持云仓等共享物流模式、共同配送、集中配送、夜间配送、分时配送等先进物流组织方式发展，构建基于大数据底座的互联网平台来整合配置运输资源，通过 IoT 车联网技术实现车、货、司机的实时可视可管可控，面向多种类型运力资源、多物流地点、多

订单复杂场景进行运力匹配和智能调度，提升运力周转效率。

末端技术：鼓励货运车辆加装智能设备，加快数字化终端设备的普及应用，实现物流信息采集标准化、处理电子化、交互自动化，利用射频识别 RFID 技术、红外感应、激光扫描等传感技术获取商品的各种属性信息，通过通信手段传递到智能数据中心对数据进行集中统计、分析、管理、共享、利用，支配智能化设备完成相关物流作业活动。

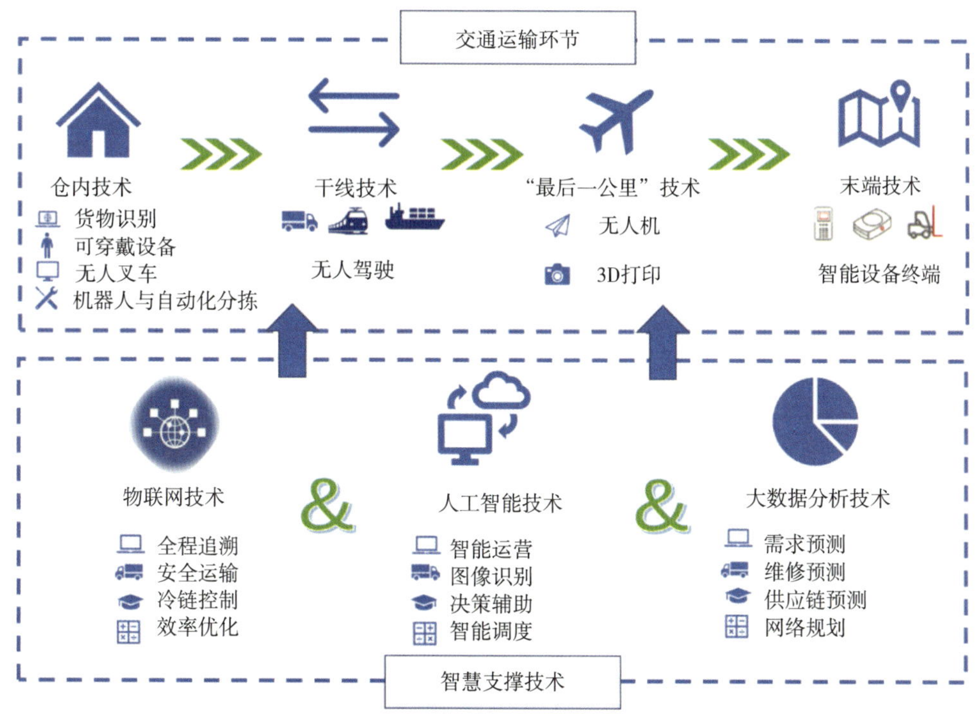

图5.1　交通运输作业场景及支撑技术

5.1.3.2　以低碳为核心加强智能型综合交通运输系统布局新举措

（1）针对货物多式联运信息共享技术标准，通过出台相关标准，规范电子运单信息交换规则，推广使用一单制电子运单，提升多式联运全程运输数字化水平

结合铁路、港口、船舶、民航等企业信息系统对接和EDI信息交换共享技术，强化多式联运数据交换电子报文标准应用，实现运输全过程可监测、可追溯。开发“一单制”电子运单、智能化匹配、网上结算、线上通关、区块链存储等配套技术，提升多式联运全程运输数字化水平。借助运输服务规则衔接方式方法，推出与多式联运相适应的水－陆－空规则协调和互认机制，实现“一次托运、一张单证、一次结算、一单到底”的“一单制”多式联运全程运输。

（2）针对综合货运枢纽货运服务水平评价体系，量化货运枢纽服务水平

结合综合货运枢纽的实际情况以及现有运输效率，从投入和产出衡量货运效率，梳理影响货运效率的相关因素，找到效率低下的关键节点，进而优化运输体系，构建综合货运枢纽运输效率的评价指标体系，优化运输体系，提升综合交通枢纽建设水平。依据铁路、公路、水路、航运基础设施协调衔接评价指标，推进运输服务规则衔接和标准协同。以货运枢纽基础设施建设运营全生命周期碳排放量以及枢纽联运交通工具能源类型和能源消耗量为基础，确定货运枢纽低碳环保运营评价指标体系。

以综合交通大数据为载体赋能交通运输体系智能化发展。构建社会基础数据库、综合交通网络基础数据库与交通运量基础数据库，建立综合交通运输大数据平台；利用综合交通运输大数据快速获取技术，开发面向多源交通大数据融合分析的交通数据特征提取与分类管理系统，建立分类分层立体化的综合交通大数据存储方法，形成综合交通运输大数据快速获取、海量存储与精准分析的技术体系，推动跨部门、跨层级综合交通运输数据融合运用，实现以数据资源赋能综合交通大脑开发与智能决策的发展目标。

通过建立“互联网 +”交通运输综合服务信息服务平台，实现信息资源服务互通共享，对接消费、流通、生产，形成多业联动、融合发展，推动物流绿色高质量发展。利用云计算、物联网、AI、VR 等多种技术手段，联合公路、海运、仓储等区域多方物流资源，构建集多式联运、仓储、装卸等场景化物流解决方案。综合信息服务平台由应用服务平台、数字化平台和网络架构等部分组成，如图 5.2 所示。应用服务平台是以大数据和云计算为支撑的操作平台，可以提供核

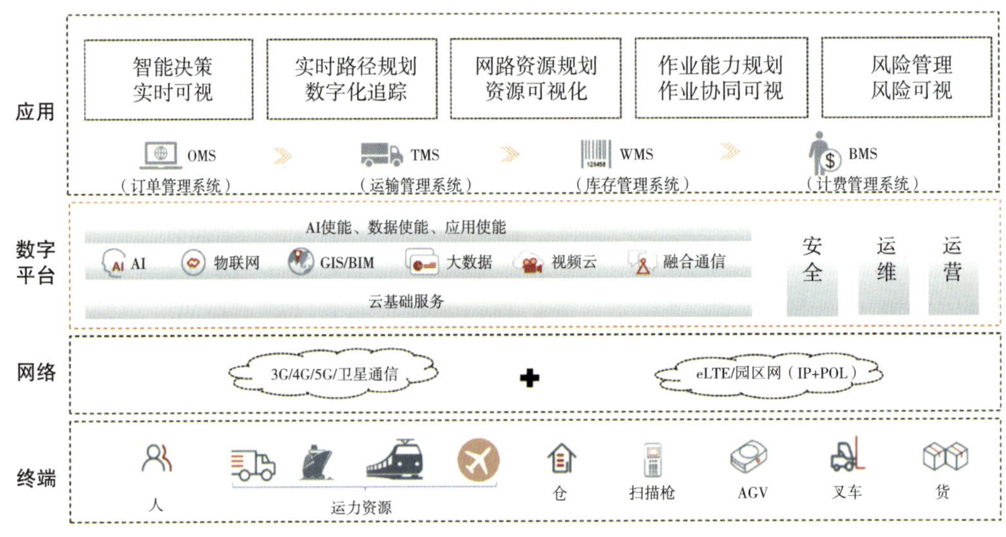

图 5.2　综合服务信息数字化平台

心服务，同时提供管理和维护等相关功能；网络架构主要工作是协调业务间的流转；终端通过 QR 或者条形码、RFID、电子标签和传感器等技术对货物信息进行智能感知，然后通过虚拟自动化技术和网络架构创建虚拟资源池，实现节点作业与实物运输的无缝连接。

5.2　推广高效运输组织模式

5.2.1　智慧调度技术

5.2.1.1　公路智慧调度系统

公路运输总运量大、碳排放大是当前我国交通运输的一个重要特点。2021 年公路完成客运量 50.87 亿人，占各种运输方式总运量的 61.3%；公路完成货运量 391.39 亿吨，占各种运输方式总运量的 75.0%。目前，公路运输占全国交通运输碳排放总量的 85% 以上。公路完成的客货运量及公路碳排放量在各种运输方式中均占据首位，因此减少公路碳排放量是降低交通运输行业碳排放量的关键所在。

在我国公路系统中，调度指挥系统作为交通管理的基础系统，其运行效率的高低直接影响交通通行质量。公路调度指挥系统面对全国、省域、路段的不同层级管理需求，分级开展运营管理、公路网运行监测与协调、突发事件应急处置、出行服务等工作。通过不断优化公路基础设施配置，可及时有效地处理各类路况信息，优化公众出行路线选择，减少拥堵点段，提升应急处置效率，提高公路的社会效益和经济效益。

公路智慧调度指挥系统是借助移动通信和互联网、云计算、大数据、物联网、人工智能、自动驾驶等新一代信息技术，以路面上的人、车、路、设备、系统全面感知及各个信息要素之间的互联互通为基础，通过融合信息的深度学习、交通事件的自动识别、交通态势的智能预测，提升路网综合管控能力，提升突发事件调度决策和应急处理能力，提升公众出行服务水平，使公路出行更加安全、便捷、高效、绿色、经济。

促进公路运输绿色低碳发展，除了提高车辆排放标准、推广清洁能源车辆、引导发展多式联运等管理性、技术性、结构性减排措施，通过公路智慧调度指挥提升公路运行效率、减少拥堵也是实现降低能耗、低碳运输目标的重要途径。公路指挥调度中常见的节能技术有三种：一是基于交通流时空特性的流量管控技术；二是自由流收费技术；三是自动驾驶技术。

（1）节能技术 1：基于交通流时空特性的流量管控技术

在交通流时空特性连续感知及大数据分析的基础上进行交通事件识别、道路运行状态评估、道路路况预测，通过流量智能控制策略科学疏导拥堵路段、时段车辆，改善交通运行状态，实现道路通行效率的最大化，同时通过预告预警信息发布等措施减少二次交通事故的发生。流量管控包括出入口匝道管控、应急车道临时开放通行、区段运行速度协调调控、差异化收费等多种提升高速公路通行效率的手段。

（2）节能技术 2：自由流收费技术

自由流收费是通过电子识别系统自动收费，司机不用为了交费而专门停车，现在使用的 ETC 即是自由流收费的一种形式。2020 年全国取消了 487 个高速公路省界收费站并完成收费站 ETC 车辆通行升级改造，标志着高速公路向自由流收费迈进了一大步。目前，高速公路 ETC 使用率近 70%，有效地缓解了收费站区拥堵问题，大幅度提高通行效率、减少车辆尾气排放。随着 ETC 技术与北斗系统应用、车牌付及多种支付手段融合应用，未来收费技术将向无站自由流方向逐步演进，进一步提升通行效率。

（3）节能技术 3：自动驾驶技术

车辆自动驾驶具有以下优点：一是可以避免突然加速或者减速带来的能源消耗增加；二是通过智能化技术优化交通流运行能力，可以减少交通拥堵问题；三是可以降低跟随车辆的空气阻力，从而最大限度地降低碳排放。2021 年以来，交通运输部组织开展自动驾驶和智能航运先导应用试点，第一批智能交通先导应用试点项目共计 18 个，聚焦自动驾驶技术、智能交通的发展和应用，推动新一代技术和交通运输实现深度融合。

5.2.1.2 铁路智慧调度系统

铁路绿色低碳的运输优势是实践“双碳”目标的开路先锋。根据国际铁路联盟 UIC 的研究资料[2]，如图 5.3 所示，高速铁路与小汽车、飞机相比，每消耗 1 千瓦时能运输的旅客千米比例为 1∶0.23∶0.12，而每运送 100 旅客千米所释放的二氧化碳比例为 1∶3.5∶4.25。可见，铁路是最低碳的运输方式。

铁路调度指挥是铁路系统的“神经中枢”，通过协调运用各类资源，准确、及时地发出一条条调度指令，全面监督和指挥完成各项铁路运输生产工作，包括列车开行的计划与组织、调车作业、取送作业、施工作业以及车流调整等。最大限度管好、用好中国铁路资源，确保运输安全、有序和高效，是调度指挥的主要职责与目标。

铁路智慧调度指挥系统是指广泛地采用云计算、物联网、大数据、北斗定位、人工智能等先进技术，以铁路移动装备、固定基础设施、自然环境、客货运输需求和运输服务状态的泛在感知为基础，以约定协议形式将调度指挥各环节进

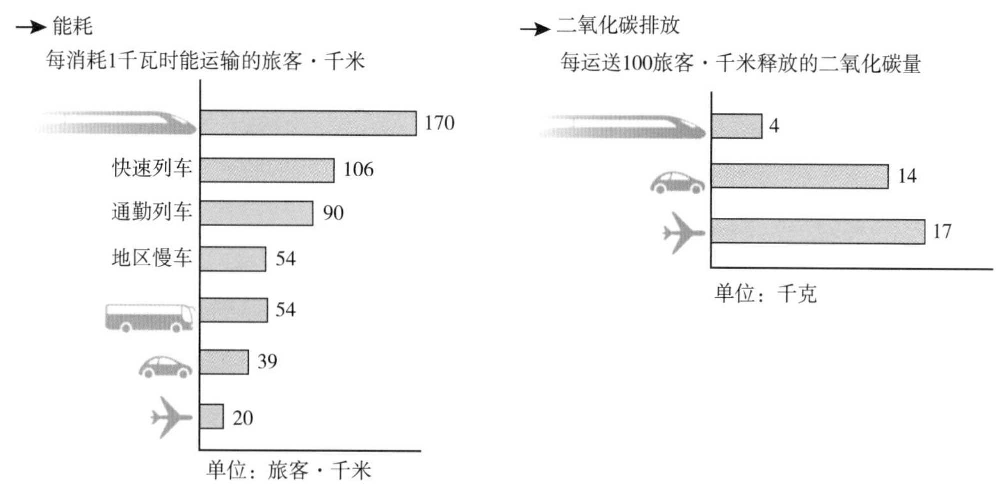

图 5.3 各种运输方式能耗与二氧化碳排放对比[2]

行连接，通过全面的信息感知学习、智能的需求识别预测、系统的数据融合处理和科学的调度决策处置，完成所有调度相关的移动设备、固定设施、人力资源的动态评估和智能化利用，实现铁路的智能化需求分析、调度指挥、协同控制和故障诊断，达到路网整体列车调度效率最优，提升系统调度决策和应急处置能力，提升铁路系统整体运营效能和服务水平，使铁路运营更加安全可靠、节能环保、灵活高效（图 5.4、图 5.5）。

智慧铁路调度指挥系统的实现可以构建一个响应速度更快、更加灵活的运作环境，进而更好地监控铁路运营，促进铁路绿色、节能策略的实施。铁路调度指挥在保证行车安全的前提下，可以应用节能策略，实现降低能耗、低碳运输的目标。调度中常见的节能策略有两种：一是单列车利用冗余时间；二是多列车协同利用再生制动能。

（1）节能策略 1：单列车利用冗余时间

当给定线路条件和车辆性能参数等，可以计算出多条列车在区间运行的速度

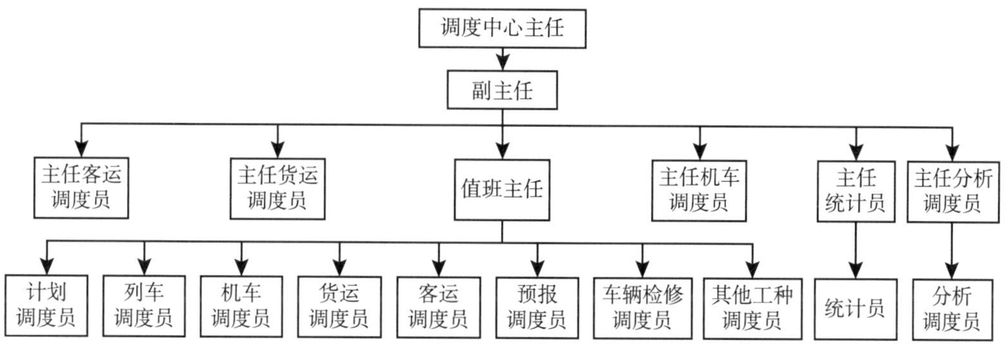

图 5.4 铁路局调度中心组织结构

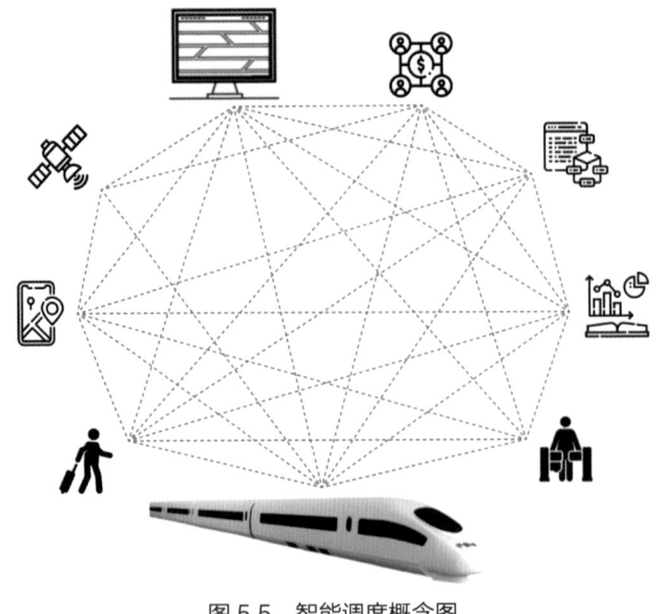

图 5.5　智能调度概念图

曲线。在保证全线运行时间要求的前提下，合理分配各区间的运行时间，适当设置运行冗余时间，并根据分配结果选择合适的列车运行策略，可以有效降低列车运行能耗。通常，列车区间运行时间越长，能耗越低。然而，较长的列车运行时间会增加乘客旅行时间或货物运输时间，还会导致运能降低，因此在设置列车运行冗余时间时需要多方面权衡考虑。

（2）节能策略 2：多列车协同利用再生制动能

多车协同的再生制动能利用策略是指通过优化列车在车站的到发时刻、增加列车制动和列车牵引的时空交集，使列车制动所生成的再生能量能够即时被其他牵引加速列车利用，从而降低列车运行的总能耗，实现节能目的[3]。

5.2.1.3　民航智慧调度系统

围绕新技术应用实现民航低碳发展目标，民航局先后印发《中国民用航空局关于推动新型基础设施建设促进民航高质量发展的实施意见》《中国民用航空局关于推动新型基础设施建设五年行动方案》和《中国新一代智慧民航自主创新联合行动计划纲要》等智慧民航建设顶层架构的纲要性文件，提出了“出行一张脸、物流一张单、通关一次检、运行一张网、监管一平台”目标。智慧出行、智慧空管、智慧机场、智慧监管是中国民航绿色发展系统建设的核心抓手和重要内容。

（1）智慧出行

围绕低碳旅客行前、行中、机上全流程和航空物流全过程，以缩短旅客综合出行时间、促进物流提质增效降本为目标，以全流程便捷出行、全方位“航空 +”服务和综合性航空物流服务为重点，构建便捷舒心的旅客服务生态和高效的航空物流服务体系，聚焦无感安检、快速通关、便捷签转、行李服务、机上服务等领域，优化流程、简化环节，实现旅客便捷、无忧、舒心出行。重点建设内容之一在于一张脸覆盖值机—安检—候机—登机的全流程，包括：①在值机方面，融合机场 CUSS 机，实现旅客刷脸注册和登机，推行无纸化便捷乘机服务，更加绿色环保；②在静音寻人方面，自动获取视频内人物关键信息，生成历史运动轨迹，精准定位旅客位置，避免寻人资源浪费；③在导航服务方面，基于地磁技术在云端通过实时计算得出精确室内定位，提升规划路径效率；④在智慧航显方面，基于全流程人脸识别提供个人航班信息、机场公告、旅游导航、登记路线导航等各种智慧旅行服务，节省旅客时间成本，有效降低能耗。

（2）智慧空管

围绕构建安全、高效、经济、绿色、规范的空管体系，以提升空中交通全局化、精细化、智慧化运行水平为目标，推动前沿信息科学技术与空中交通管理有机融合，从全国民航协同保障运行、基于四维航迹的精细运行和基于算力的融合运行维度，夯实空中交通管理的安全基础，从而实现从“人工管制”到“数智管制”的转变。具体体现在：①在空管信息环境方面，搭建基于飞联网的空地信息共享平台，提升运行效率；②在航空器方面，基于航迹的自主运行实现航班全生命周期、全运行流程协同决策，全面提升航空器精细化管理水平以减少碳排放；③在管制员方面，实现 AI 管制，实现人机智能高效交互，进行空中交通态势的评估、预测和决策；④在空域方面，借助数字化管理手段实现有限空域资源的高效利用。

（3）智慧机场

围绕四型绿色机场建设，以提升机场运行安全保障能力和协同运行效率为目标，从机场全域协同运行、作业与服务能力、建造与运维水平等方面，推进机场航站楼服务智能化、飞行区无人化、旅客联程联运和货物多式联运的数字化，以及对机场全领域、全要素的运行态势感知、精准监控与准确预测，推动航班运行控制智能协同决策，提升飞机停机位分配、路径规划、避障驾驶、滑行引导等精细化管理水平。具体贯穿机场从设计、建造到管理的全过程，包括：①在机场建造方面，利用 BIM 技术提升机场选址、规划设计、施工建设、运营维护的智能化、绿色化水平；②在机场运营方面，将航班、旅客、天气和生产服务保障信息联通，智能调配电、气、冷、热等各类能源，避免机场能源极大浪费；③在旅客出行方面，提升旅客服务个性化体验，包括自助购票、自助值机、App 一键上网等服务，减少航站楼内排队过程中的碳排放。

（4）智慧监管

以民航安全和运行效率需求为导向，围绕“智能化助力减污降碳，数字化引领绿色发展”主题，从打造一体化创新型数字政府、数据驱动的行业监管和融合创新的市场监测等角度，打破各专业、各单位的信息壁垒，整合监管系统、运行系统、政务系统，实现跨系统的协同办公，打造信息安全、运行稳定、管理精细的统一监管系统平台，融通事前、事中、事后三个板块，为公共服务和高效运转赋能，提升行业治理效能，维护航空市场秩序，带动产业融合发展。具体应用场景体现在民航相关部门监管的各个方面，包括：①在协同监管方面，整合航空公司、机务、机场和空管单位等多个单位和部门信息及数据，形成专业间的协同监管，减少沟通带来的碳排放；②在全面监管方面，纵向和横向对比不同民航部门行政审批、事中事后的各类监管信息和数据，较为直观地分析被监管方的整体碳排放状况；③在实时监管方面，通过远程摄像头、数据传输等方式实现全年无休、24 小时实时民航运行安全、效率和碳排放状况监测和数据挖掘分析，达到“四不两直”检查效果；④在精准监管方面，构建风险和碳排放管理预警体系，对于可能存在的漏洞和能力短板及时提醒；⑤在智能审批方面，利用光学字符自动识别技术和网上填表申请等方式，对申请人实现网上申请、即时办理，减少中间环节以及人力、物力。

5.2.1.4 港航智慧调度系统

港口是国内国际双循环的一个重要节点，目前海运承担了 80% 的国际贸易运输，港口则是国际海运的关键枢纽。交通运输部印发的《关于扎实推动“十四五”规划交通运输重大工程项目实施的工作方案》提出以国际枢纽港、主要港口为重点，高水平推进专业化码头、集疏运体系及公共基础设施建设。

作为智慧港口和智能航运的桥梁和纽带，智慧港航调度以地理信息技术、网络视频技术、移动通信技术、云计算、人工智能、物联网等技术为支撑，充分整合和利用港口、船舶及航道相关智能化信息，实现港口要素自我感知、港口生产运营数字智能、港口管理决策客观智慧、各功能模块互联互通。

在技术创新层面，智慧港航调度系统强调系统整体技术创新，强调科技创新与港口业务模式创新的深度融合，依托智能化等技术提高港口营运效率，同时借助数字化平台实现运营模式和商业模式的转变，发现潜在需求、寻求新的经济增长点。智慧港航调度系统以“全面感知、泛在互联、深度融合、智能应用、信息互通、机制完善”为总体思路，主要以“综合数据、通信网络、感知设施和应用系统”为整体建设架构。应用系统包含污染防治、航道管理、航标遥测遥控、船舶管控、船员履职、现场执法监管、航道运行监测、船闸调度、港航综合运输、应急指挥调度以及办公等子系统，基于智慧港航调度系统门户，实现统一账号、统一认证、统一管理。应用系统分为对内对外应用两部分，对内采用一体化设计理念，按照统一门户管理方式，为中心各职能部门、业务人员提供专业应用支撑，结合移动端应用实现指尖业务办理、掌上办公；对外采用一站式服务设计理念，为水运行业公众提供信息发布服务（图 5.6）。

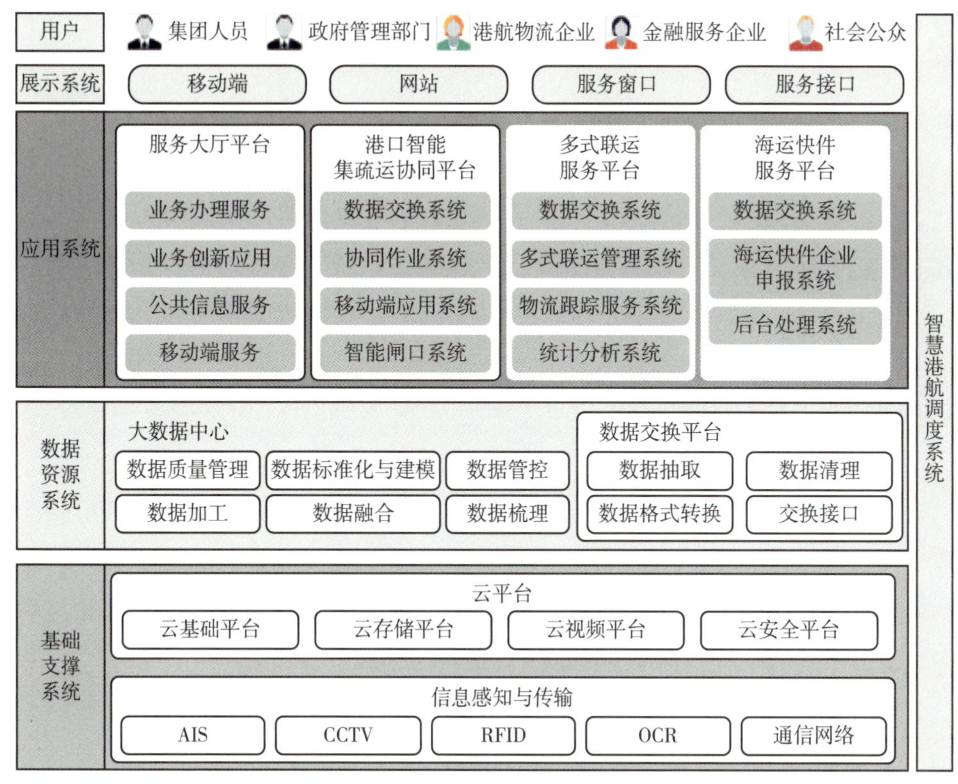

图 5.6 智慧港航调度系统框架图

在业务调度层面，智慧港航调度系统首先考虑客户需求，综合考察主营航线业务安全，港口运营管理水平和对客户服务提升，并以此为突破口推动新兴技术应用和商业模式创新的深度融合，实现港航调度运营一体化、安全风险智能化、供应链一体化和组织圈生态化，促进货物流、商流、信息流和资金流四流合一，全面优化港口的调度运行效率、提高服务质量、挖掘创新增值能力。

总之，智慧港航调度系统整合和利用海事机构、航运管理机构现有相关信息资源，结合海事、航运专网与行业数据交换平台，使港口各种生产要素与先进技术深度融合并与各功能模块联动发展，最终实现开放共享、系统高效、绿色环保、可持续发展低碳智慧港口形态。

5.2.2 多模式智能联运技术

5.2.2.1 公铁、空铁、铁水、空巴等联运发展

旅客联程运输是指通过两种或两种以上对外运输方式完成的旅客连续运输，其发展目标是由单一旅客联运承运人或代理人为旅客及其行李全程负责，旅客全程使用一本票证，真正实现“一票到家”。经过多年发展，我国旅客联程运输服务能力与供给水平不断提升，旅客联程运输发展的基本框架、服务内容、发展方向已基本明晰，各类联运组织模式不断涌现，部分地区或重点综合枢纽场站率先开展公铁、空铁、铁水、空巴等旅客联程运输试点。

目前，在长三角、珠三角、京津冀等城市群地区，铁路、公路、民航以及城际轨道交通基础设施网络比较发达，发展旅客联运的条件更为成熟，旅客跨运输方式联程出行和客运企业发展旅客联程运输的需求较为旺盛。在辽宁、安徽、福建、江西、山东、河南、湖北、广西、四川等经济相对发达的地区，旅客联运业务也不同程度开展。在“一带一路”倡议的刺激下，陕西等西部地区也在积极筹划开展空铁联运等服务[4]。

（1）公铁联运发展情况

公铁联运具体指将道路运输与铁路运输相结合，由铁路运输企业和道路运输企业共同参与，实现运力资源高效衔接、票务信息充分共享、为旅客提供无缝衔接的运输服务。当前，公铁联运是我国服务范围最广、服务人数最多的旅客联程运输组织方式，具有全天候、组织灵活、出行成本低等特点。

公铁联运主要有三种组织模式：一是通过铁路综合客运枢纽（配备汽车客运站的）开展公铁联运服务，公路、铁路分段运输，乘客换乘和服务衔接都在综合客运枢纽内完成；二是通过高铁无轨站或在火车站周边设立的道路班线客运乘降点等实现公路和铁路旅客联程运输，通过高效组织实现非枢纽场站公路、铁路客运精准衔接，提高铁路运输服务对火车站周边区域覆盖能力；三是通过城市客运、定制客运等方式把火车站、汽车客运站有机连接，为旅客提供公铁联运服务。前两种组织模式以铁路运输为中心，公路主要负责客流集散运输；第三种组织模式是最为传统的组织模式，主要以实现公路、铁路两种运输方式衔接为目的。

高铁无轨站是近年来新兴起的公铁联运模式。随着我国高铁建设的快速发展，高铁通车里程大幅提升，但中西部地区、部分偏远山区县乡还未实现高铁通达，依托现有汽车客运站扩展具有购票、取票、候车（高铁专线、城乡客运等）、

物流等功能的区域，通过开通直达高铁站专线，可实现与本地公路运输与高铁运输的无缝衔接，让偏远地区百姓方便乘坐高铁。全国首个高铁无轨站于 2016 年 12 月在广西凌云县启用，目前全国已有上百个无轨高铁站开通。

（2）空铁联运发展情况

空铁联运是将高铁与民航运输有效衔接，形成空铁一体化运输的旅客联程组织模式。空铁联运主要有传统“两段式”和“虚拟航班”联运服务两种模式。传统“两段式”模式的空铁联运服务是指旅客通过航空公司或在线旅行平台购买空铁联运服务产品，铁路车票和民航机票合并订单、一次支付购买。“虚拟航班”空铁联运服务模式是由航空公司根据旅客出行需求，将铁路运输部分当作虚拟航班，在同一票务系统内形成组合联运产品，但乘客需要自行到火车站完成车票领取和乘车。东方航空公司与国铁集团联合推出空铁联运产品，到 2022 年 9 月，空铁联运产品已覆盖枢纽城市 41 个，通达 645 个火车站点，东方航空公司空铁联运实现航空段与 1113 个火车段的双向联运，空铁联运网络范围已基本实现覆盖全国。

（3）铁水联运发展情况

铁水联运是铁路和水路客运无缝衔接、高效运输的运输组织模式。由于水路客运呈区域性或点状分布，铁水联运主要在渤海湾、琼州海峡和三峡库区等重点水域客运港口通过实现班轮化调度与铁路运输衔接，实现旅客联程运输。铁路 12306、广铁集团在湛江—琼州海峡区域开展铁水、公水等旅客联程运输试点，围绕铁路、水路、公路时刻接续安排、行程延误处置、一票通达、线下换乘中心建设等进行产品设计，创新联程运输服务模式，旅客可购买铁水联运票，通过身份证或“一码”在不同交通方式间畅通换乘。湛海铁水、公水联程服务推出后，旅客从湛江西火车站到徐闻北港约 2 个小时，跨海轮渡约一个半小时就可通过琼州海峡到达海口南港，南港码头到海口站约 30 分钟，全程最快 4 小时左右可抵达目的地。

（4）空巴联运发展情况

空巴联运指通过道路客运车辆连接机场与旅客出行的起讫点，实现公路与航空两种运输方式联运的服务模式。空巴联运能够有效提高民航枢纽机场对周边城市的辐射能力。

空巴联运主要服务于有民航出行需求的乘客以及接送机人员、机场服务人员等，主要由机场、航空公司或道路客运企业组织运营。机场或航空公司可通过成立专业的机场巴士运输机构，承担机场到市区、周边县市机场到发乘客集疏运输；或通过在市区设立城市候机楼作为乘客的临时乘降点，提供更优质的候机和运输接驳服务。也有部分道路客运企业通过设立直达机场的专线或公交线路，承担汽车客运站、市区主要公交场站至机场专线运输。空巴联运主导企业还可通过整合民航和道路客运信息，为乘客提供“一票”联程服务。2021 年东航在西安地区推出空巴联运服务，实现了航空、铁路、公路的无缝连接，进一步提升了多式联程运输效率、扩大了中转运输辐射面，对提高空地一体化服务品质、提升航空出行体验起到积极的促进作用。

5.2.2.2 信息系统对接和数据共享等智能技术

近年来，随着移动互联网、电子支付、区块链、人工智能等数字化、智能化技术的快速发展和普及应用，旅客联程运输电子客票信息系统互联互通、“一张票”服务模式及互相鉴权等技术逐渐成熟，新的旅客联程运输信息系统服务模式不断涌现，极大提升了旅客出行效率和服务体验。

（1）联程运输电子客票信息系统互联互通技术

截至当前，铁路、民航已建立了全国统一的电子客票服务系统，道路客运预计在 2022 年年底前实现全国范围电子客票应用，水路客运也在渤海湾、琼州海峡、三峡库区等重点水域实现电子客票应用，基于电子客票的联程运输体系建设具备条件。

2020 年交通运输部发布了《综合交通电子客票信息系统互联互通技术规范（JT/T 1301—2020）》，规定了铁路、公路、水路、民航电子客票系统互联互通的基本要求、业务功能、数据交换内容和系统数据接口，各交通方式及第三方客票服务系统分别负责各自电子客票信息的生产、更新、删除、安全保护、对外开放和传输，并可根据客票服务的流程，通过互相借用余票查询、客票锁定、客票销售、客票解锁、订单查询等数据接口，获得其他电子客票信息系统信息，提供班次时刻查询、跨运输方式联程出行线路规划、单运输方式或联程票务等服务，并完成票款清分结算（图 5.7）。

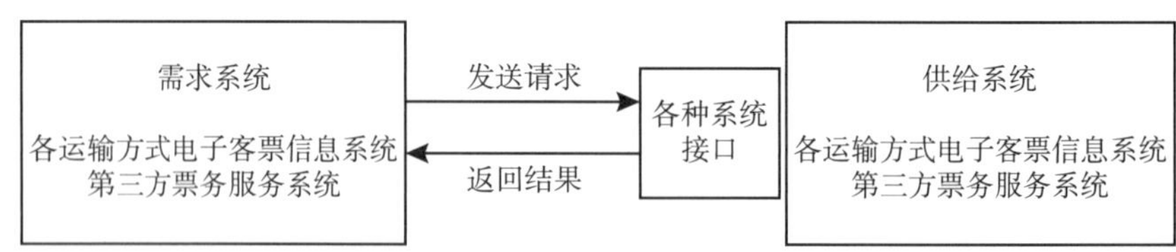

图 5.7　跨运输方式电子客票信息交互技术架构

（2）“一张票”服务模式及互相鉴权技术

跨运输方式旅客联运的最终目标是实现乘客“一张票”出行。“一张票”的主要载体为二维码、可识读身份证件等，通过二维码、可识读身份证件等信息载体，可打通各运输方式电子客票信息平台，实现不同平台票务信息互认鉴权和安全可靠共享，支撑客流、服务流、信息流的同步、无缝衔接。其中，票务服务信息共享和互认鉴权是建立“一张票”服务体系的关键。

5.2.2.3 多式联运关键技术

多式联运是指货物经由两种及以上的交通工具相互衔接、转运而共同完成的运输过程。多式联运经营人对货物运输全程负责，是一种高效集约的货物运输方式，主要包括公铁联运、铁海联运、公水联运、空铁联运等模式。

近年来，随着国家和行业对多式联运发展的支持，多式联运试点不断增多，联运基础设施不断完善，我国多式联运发展迎来了快速发展的战略机遇期。2021年国务院办公厅印发了《推进多式联运发展优化调整运输结构工作方案（2021—2025年）》，提出到2025年多式联运发展水平明显提升，基本形成大宗货物及集装箱中长距离运输以铁路和水路为主的发展格局，全国铁路和水路货运量比2020年分别增长10%和12%左右，集装箱铁水联运量年均增长15%以上。

推进运载单元和枢纽场站的数字化、智能化是提升多式联运效能的关键，通过信息共享与标准衔接，实现货物运输全流程实时追踪、查询、可视化，能够有效降低物流成本，提高效率，改进服务质量。多式联运数字化、智能化提升主要通过以下手段实现。

（1）推广先进信息技术和装备

促进信息采集、电子数据交换、无线射频识别、物联网（车联网、船联网）、大数据、云计算等先进技术及装备在铁路、公路、水路运输行业中的推广应用，建立智能化的多式联运条件下的货物自动识别、货物状态跟踪监测、不同运载工具间货物高效装运结果和转运智能化管理，建立基于多式联运运力与仓储能力匹配的智能化调度体系。推进运载单元、货车车型等运输装备的标准化，提高运载单元智能化水平[5]。引导支持运输企业推进信息管理业务全覆盖，加强货物全程实时追踪、信息查询和多式联运运行调度、统计监测、市场分析等系统建设，全面提升多式联运的信息化和智能化水平。

（2）推进多式联运信息共享与标准衔接

推动建立统一的多式联运信息共享和数据传输、交换标准体系，突破跨运输方式信息系统间信息壁垒，建立各种运输方式信息资源相互开放与共享机制，提高不同运输方式之间的信息系统对接和数据协同开发水平，满足货主和多式联运经营人获取船、货、车、班列、港口、场站、口岸等动态信息的需求，助力运载工具、枢纽场站及其集疏运体系实现无缝衔接，减少转运中的无效或低效接驳，提高多式联运专业化和智能化水平。

（3）构建多式联运信息服务平台

多式联运平台的核心业务功能是信息互联共享，可为多式联运承运人提供及时、有效、准确、权威的跨运输方式、跨区域、跨部门的多式联运信息，降低承运人获取信息的难度和复杂度，协助其合理分配运输资源，提高运输组织效率。多式联运平台能够为各承运人提供铁路、公路、水路、航空相关多式联运业务信息，主要包括运输计划、运载工具在途信息、作业节点状态信息、运力资源分布等，畅通跨运输方式信息的流转与共享，为提高多式联运分段运输环节的协同效率作出数据支持。同时，多式联运平台还可提供多式联运行业基础信息和相关交通与海关政务信息开放服务。

5.3 建设智慧物流体系

5.3.1 智慧物流网络建设

5.3.1.1 打造智能物流网络节点

《交通强国建设纲要》提出打造“全球 123 快货物流圈”（国内 1 天送达、周边国家 2 天送达、全球主要城市 3 天送达）的发展目标，为构建面向国内国际的物流网络指明了方向。港口、机场、物流园区等物流枢纽节点是实现“全球 123 快货物流圈”的货物集散中心，在经济贸易和物资往来中起着举足轻重的作用。

一是构建国家综合货运枢纽体系。依托综合立体交通网主骨架布局，优化提升 20 个国际性综合交通枢纽城市全球物流联通水平和辐射能力，推动建设具有战略意义的国际铁路枢纽和场站、国际枢纽海港、国际航空（货运）枢纽、国际邮政快递处理中心，拓展海陆空多元化交通网络，增强国际门户功能；持续增强 80 个全国性综合交通枢纽城市物流辐射能力，推动建设具有区域辐射能力的综合货运枢纽节点，推动国家综合货运枢纽基础设施“硬联通”以及标准规则服务“软联通”，支持国家综合货运枢纽设施装备的智能化、绿色化、标准化发展，推动国家综合货运枢纽物流信息互联互通，加快构建智能化、绿色化、一体化的国家综合货运枢纽网络[6]。

二是建设智能化物流园区网络。推动建设一批辐射范围广、设施设备先进、服务优质高效、与产业衔接紧密的物流园区，提高物流园区的智能化智慧化运作水平，实现货物集中高效流转。推动自动化分拣技术、自动化仓储技术、自动化识别技术、卫星定位技术、绿色包装技术等先进技术以及智能安检、装卸、拣选等设备在物流园区的深度应用，鼓励利用专业化多式联运设备和跨方式快速换装转运设施及标准化载运单元提升物流园区运作效率，推进采集数字化、传输网络化、作业智能化，推动物流园区间、物流园区与上下游节点间、不同运输方式间信息互联互通，汇聚形成物流大数据网络。

专栏 1：菜鸟网络科技有限公司“中国智能骨干网”建设项目

2013 年，为适应电子商务高速发展带来的物流规模激增，提升物流网络运行效率，菜鸟网络科技有限公司启动“中国智能骨干网”项目，推动应用物联网、云计算、网络金融等新技术，通过自建、共建、合作、改造等多种模式，在全国和全球范围遴选重要节点，为 B2B、B2C 和 C2C 物流企业打造开放、共享、社会化的物流基础设施服务平台，计划在 5 ～ 8 年内建立一张能支撑日均 300 亿元网络零售额的智能物流骨干网络，实现国内 24 小时、全球 72 小时货运必达。菜鸟“中国智能骨干网”首批在全球布局了六大 eHub 节点，分别位于杭州、吉隆坡、迪拜、莫斯科、列日和香港。在国内，武汉、郑州、西安、福州、济南等地的菜鸟“中国智能骨干网”核心节点项目已陆续建设并投入运营。

三是推动建设智慧港口。推动港口码头作业装备自动化，加快新型自动化集装箱码头、堆场建设和改造，加强码头桥吊、龙门吊等设施远程自动操控改造，推进码头操作系统和设备控制系统的深度融合。创新港口物流运作模式，建立全程“一单制”服务方式，推动港口作业无纸化，提高港口物流运作效率。完善港口智能感知和数据采集系统，实现进出闸口等港口作业智能化管理；加快货运信息采集交换、货物状态监控、作业自动化等领域的技术创新与应用，逐步实现货物实时追踪、全程监控和在线查询。推动“互联网 +”港口应用，探索电子运单、网上结算等互联网服务新模式。推进大宗干散货码头堆取料机、装卸船机、翻车机等设施智能化升级。推进无人集卡、自动导引车等规模化应用。

四是提升机场智慧物流运作水平。以航空货运枢纽为载体，以提高物流效率为核心，提高机场货运物流设施自动化水平，创新集装载具，推进分拣、装载和仓储等设施智能化。推动信息共享、标准统一、安检互认和便捷通关，实现货物运输“一张单”。打造航空物流数据共享平台，实现货物动态跟踪、实施监管，推动货代、货主及各行业主体信息共享，提高物流资源精准匹配水平。推进航空货运与仓储物流、支付结算、金融保险一体化发展，打造智慧物流体系。

五是完善智慧寄递节点网络。加快完善数字化、可视化、智能化寄递设施网络，推广应用智能装备设施，发展智能收投、智能仓储、机器人分拣、无人化运输。推广动态路由、智能调度等智慧运营系统。丰富完善聚合下单、全程跟踪监测、定制化投递、智能客服等智慧服务功能。推进寄递领域信息基础设施升级改造，建设大数据中心等基础设施。

5.3.1.2 建设智能仓储体系

智能仓储体系是物联网、云计算、机电一体化等新兴技术与仓储管理结合的重要产物，是自动化输送系统、自动化存储系统等硬件系统以及自动化分拣系统、机器人分拣系统等软件系统所构成的有机整体，可实现物流仓储各环节的精细化、动态化、可视化管理，对于提高存储周转效率、降低物流成本、提升仓储管理能力、助力减排降碳具有重要作用[7]。

一是建设国家智能化仓储物流示范基地。持续提升仓储管理智能化水平，结合国家级物流园区示范工作，引导企业在重要物流节点和物流集散地规划建设或改造一批国家智能化仓储物流示范基地（园区），推广应用先进信息技术及装备，建立深度感知智能仓储系统，加快智能化发展步伐，提升仓储、运输、分拣、包装等作业效率和仓储管理水平，实现存、取、管全程智能化。

二是加强智能仓储关键技术装备研发。加快智能制造装备发展，推进智能物流与仓储装备关键技术装备研发，在轻型高速堆垛机、超高超重型堆垛机、高速智能分拣机、智能多层穿梭车、智能化高密度存储穿梭板、高速托盘输送机、高参数自动化立体仓库、高速大容量输送与分拣成套装备、车间物流智能化成套装备等方面寻求突破。创新产学研用合作模式，推广应用智能物流装备，推动关键技术装备产业化。

三是推动 5G 在智能仓储场景应用落地。推动实现 5G 在物流仓储环节与仓储机器人的融合。通过内置 5G 模组或部署 5G 网关等设备实现厂区内自动导航车辆、自动移动机器人、叉车、机械臂和无人仓视觉系统的 5G 网络接入，部署智能物流调度系统，结合 5G 边缘计算技术、超宽带室内高精定位技术等，实现物流终端控制和商品入库存储、搬运、分拣等作业全流程高度自动化、智能化。

四是加快智能仓储相关标准制定及应用。加快研究制定仓储系统功能要求、物料智能分拣系统、物料状态标识与信息跟踪、作业分派与调度优化等相关智能仓储标准，提高智能仓储标准化水平，切实发挥标准对推动智能制造高质量发展的支撑和引领作用[8]。

专栏 2：京东“无人仓”智能仓储体系[7]

2017 年 10 月，京东物流首个全流程无人仓正式亮相上海，成为全球首个正式落成并规模化投入使用的全流程无人物流中心，也是全球首个大型绿色无人仓库。京东无人仓建筑面积40000平方米，房顶全部是太阳能电池板，白天充电，晚上供库房工作。无人仓由收货、存储、订单拣选、包装四个作业系统组成。存储系统由8组穿梭车立库系统组成，可同时存储商品6万箱。由于在整个流程中应用了多种不同功能和特性的机器人，智能设备覆盖率100%，无人仓真正实现了全流程、全系统的智能化和无人化，日处理订单能力超过20万单，是人工仓库效率的4～5倍。“无人仓”代表着京东全新的第三代物流系统技术，是以无人仓作为载体的全新一代智能物流技术，其核心特色体现为数据感知、机器人融入和算法指导生产，可以全面改变目前仓储的运行模式，极大提升效率并降低人力消耗，是京东物流应用质的飞跃。

5.3.1.3 建设物流信息服务平台

物流信息服务平台通过对大数据的有效运用，实现对货物、车辆、人员、资金等资源要素的合理分配和快速流动，有助于提高物流运作效率、提升物流服务水平、优化物流决策能力，有助于推动供应链上下游深度融合，打破物流产业和组织边界，催生新产业新业态新模式，对于赋能物流行业转型升级具有重要意义。

一是支持企业建立资源共享的物流信息服务平台。要鼓励有条件的物流企业完善综合物流信息服务平台，整合供给方、需求方、运营方信息资源，提高线上线下一体化服务能力，为上下游客户提供全流程、全要素、全生命周期的信息服务，实现车、船、机、货等信息的智能匹配、智能跟踪、智能调度，提高物流运作效率。推进铁路、港口、船公司、民航等企业信息系统对接和数据共享，开放列车到发时刻、货物装卸、船舶进离港等信息，满足物流企业对运输计划、运载工具在途信息、节点状态信息等的需求。鼓励物流企业综合物流信息服务平台与行业物流公共信息平台互联互通、数据共享。

二是探索推动行业物流公共信息平台建设。要深入推进大数据共享开放，探索研究制定交通运输、海关、市场监管等政务公共信息资源开放清单，扩大基础公共信息数据安全有序开放，明确各有关部门数据开放的责任和要求，为社会提供经营许可、通关状态、检验检疫状态等公共服务信息。要探索推动行业物流公共信息平台建设，建立平台共建共享机制，提供政府公共信息资源开放及查询，链接行业管理部门、运输仓储企业、物流枢纽节点、供应链上下游企业等要素，吸引物流企业数据信息汇聚，通过大数据采集、整理、加工和挖掘，实现可视化分析、统计监测、政府决策支持等功能，支撑政府提升科学化决策能力和物流企业提升物流服务水平。

5.3.2 智慧物流配送体系建设

5.3.2.1 智慧运输

随着国家“互联网+”战略深入推进，数字经济与货运物流行业深度融合，涌现出依托互联网平台开展货运经营的新模式新业态。据调查，73.4%的货车司机注册了货运App软件，52.4%的司机通过平台承揽业务，互联网平台已成为广大从业人员赖以生存的重要载体。

为深入贯彻落实党中央、国务院关于促进数字经济发展的决策要求，2019年交通运输部、国家税务总局印发《网络平台道路货物运输经营管理暂行办法》，支持依托互联网开展货运经营的物流新业态创新发展。网络平台道路货物运输（以下简称网络货运）是指经营者依托互联网平台整合配置运输资源，以承运人身份与托运人签订运输合同，委托实际承运人完成道路货物运输，承担承运人责任的道路货物运输经营活动[9]。截至2021年年底，全国共有1968家网络货运企业（含分公司），整合社会零散运力408万辆，占全国营业性货车保有量的32.4%；整合驾驶员407.1万人，占全国货车驾驶员总量的25.4%；完成运单总量6179.9万单，是2020年的2.2倍；完成货运量13.1亿吨，是2020年的1.5倍；实现运费交易额1632.1亿元，是2020年的1.9倍。运输网络已实现地市级全覆盖，区县级覆盖率达99.8%。

网络货运是信息技术与货运物流融合发展的典型代表，依托电子商务平台、货运枢纽（物流园区）、物流信息技术等发展出多种网络货运模式[10]。

（1）“传统货运+网络货运”模式

传统道路货运企业利用互联网平台整合干线运输、城市配送等环节社会运力资源，组建品牌统一、标准统一、规则统一的运输团队，拓展服务领域，延伸服务链条，为客户提供“门到门”的一站式物流运输服务。

“传统货运+网络货运”模式具有以下特点：①有较多的自有车辆，对车辆运输动态管理、技术管理以及驾驶员安全培训教育相对严格，拥有明确的运营规则和服务规范，能够为货主提供有竞争力的运输服务产品；②传统货运企业有稳定的货源和成熟运营模式，物流运作实践经验丰富；③拥有统一的信息系统，货物在不同运输业户间运转的同时，信息流能够同步上传，货主能够对运输全过程进行动态跟踪；④平台交易模式，货主与网络货运企业多为年度招投标，中标后签署以年为周期的整体运输合同，网络货运企业委派实际承运人运输任务多为派单模式。

（2）“物流平台+网络货运”模式

物流平台企业充分利用自身信息网络和大数据优势，整合平台线上线下资源，并按照品牌统一、标准统一、规则统一的要求，为客户提供网络货运和第三方物流以及供应链管理等服务，加快向综合型、实体性物流企业转型发展，不断延伸服务链条、提升核心竞争能力。

"物流平台+网络货运"模式具有以下特点：①自身不拥有车辆，仅靠整合社会运力完成运输任务，车辆和驾驶员与网络货运企业的关系较为松散，网络货运企业对车辆的技术管理和驾驶员安全培训教育不固定；②拥有强大的物流信息网络和大数据运行平台，具备对线上线下零散资源整合的技术手段；③具有明确的运营管理规则和物流服务标准，能够为货主提供规范化、个性化物流服务产品；④具有较强的融资能力和风险防控能力，可以为上下游企业提供物流金融、保险理赔等增值服务。

（3）"电子商务+网络货运"模式

电商企业利用现代信息技术搭建物流公共服务平台，凭借自身所持有的货源优势整合社会零散运力资源，在满足电商交易平台上游供应商以及合作第三方商家货物运输需求的同时，为社会提供公共第三方物流服务，不断完善企业经营生态圈，打造全新的商业流通体系。

"电子商务+网络货运"模式具有以下特点：①拥有强大的货源优势，并且在资金、技术、人才方面实力雄厚，能够快速吸引大量社会物流资源；②涵盖干线运输、仓储分拨、城市配送（快递）等多环节，能够实现全链条物流资源的高效匹配；③电子商务多频次、小批量、广货类的特点要求"电子商务+网络货运"模式根据客户需求和货物储运特点提供小批量、个性化、敏捷性、定制化的物流服务。

（4）"园区基地+网络货运"模式

货运枢纽、物流园区、物流基地等经营人采取在主要物流节点城市建设实体节点网络，或采取与其他物流园区联盟合作的形式在全国进行网络化布局，各园区间通过搭建物流信息服务平台进行高效互联，实现不同物流基地之间物流资源在线上的集聚整合和优化重组，能够根据上游企业物流需求统筹进行组织调度，为社会提供一站式、系统化物流解决方式并承担运输组织调度工作。

"园区基地+网络货运"模式具有以下特点：①以自建或联盟合作的方式在重点区域或全国布局基地设施，搭建线下实体网络，呈现网络化经营；②通过搭建物流信息服务平台联通线下实体，实现了不同物流基地间的信息联通与交互共享，能够在更大范围内集约整合社会物流资源；③以园区基地为依托，延伸服务链条，为会员单位提供流通加工、财务管理、运费结算、融资贷款、物流保险以及汽车后市场服务等物流增值服务。

（5）“多式联运 + 网络货运”模式

网络货运企业依据各种运输方式的比较优势和特点，对铁路、公路、水路、航空等物流资源进行优化整合，为货主提供综合运输解决方案和一体化联运服务，在更大范围、更广空间进行业务拓展和服务创新。

“多式联运 + 网络货运”模式具有以下特点：①运输企业具有多式联运承运人的特点，能够为货主企业提供一站式多式联运解决方案并组织实施；②信息平台能够实现跨运输方式的信息交换共享和互联互通，可以为客户提供跨运输方式、全程的实时追踪和在线查询服务；③具有更为复杂的管理要求，由于运输组织涉及不同运输方式，衔接协调难度大、环节多，且各种运输方式在运输单证、技术标准、安全管理、保险理赔、费用结算等方面存在较大差异，要求企业必须有很强的组织协调、风险防范和应急处置能力。

5.3.2.2 智慧配送

随着城镇化进程的深化、商业经营模式的转变、消费方式的升级，城市空间范围内衍生出大量以“多品种、小批量、高频率、短距离”为特征的物流配送需求。粗放式配送模式受城市交通条件的有限性和生态系统的脆弱性制约，其负外部效应日益显现。如何实现城市物流高效运作与城市和谐发展的有效平衡成为城市治理和建设现代物流体系的共同课题。

（1）共同配送

共同配送因具有集约化程度高、配送效率高、运作成本低的优势，逐渐成为破解上述难题的重要方法，得到较为广泛的推广和应用。共同配送是指由多个企业或其他组织整合多个客户的货物需求后联合组织实施的配送方式。共同配送的本质在于合作各方通过对配送资源统筹整合、配送活动的统一规划管理，合理地利用配送车辆和选择配送路线，提高车辆利用率，降低不必要的配送成本。同时，由于车辆运载率的提高与运输路线的优化，又能有效减少交通拥堵、汽车尾气、噪声污染等一系列日益突出的城市环境问题[11]。

专栏 3：城市绿色货运配送示范工程

为缓解城市交通拥堵，助力“双碳”目标实现，交通运输部会同公安部、商务部持续推进城市货运配送绿色高效发展，开展城市绿色货运配送示范工程创建工作，先后确定了 46 个绿色货运配送示范工程创建城市，并取得显著成效：①基本形成了“干支衔接型枢纽 + 公共配送中心 + 末端共同配送站”三级货运配送节点体系；②新能源车实现快速增长，示范工程创建城市累计新增新能源物流车 12 万辆，保有量超过 27 万辆，约占全国城市配送新能源物流车总数的 50% 以上；③不断优化完善通行政策，实施分级管控、精准施策，推动配送车辆分时、错时、分类通行，对新能源货车给予通行便利；④积极发展共同配送等先进组织模式，示范工程创建城市共同配送车辆日单车行驶里程提高 22% 左右。

（2）无人配送

无人配送通过人工智能算法与无人配送设备，在人工智能决策的判断下，增加对硬件设施设备的使用率，减少人员参与，实现送货上门无人配送。无人配送利用无人设备完成货物送达，具备以下优势：①无人设备不需要休息，投递效率远高于人类，同时减少人力成本；②无人设备送货过程灵活，可以智能调度，不受交通或地形的限制，可实现在特殊环境下及时配送；③无人设备可提前接受预订并在受控区域内完成货物交付，提高配送的计划性。

（3）即时配送

即时配送基于智能交互与需求共享理念，调动闲置的配送资源，发挥现有配送资源的最大化使用效率，通过短链、无人化等智慧物流技术实现收派一体、即取即送的配送服务。即时配送具有距离短、时效性强、地点分散等特点，用户在下单时会附带对商品种类、数量、送达期望时间等要求，平台或商家需及时响应，从用户提出需求至商品送达整个过程持续时间通常不超过 1 小时。据调查，2021 年即时配送服务行业订单规模为 279.0 亿单，同比增长 32.9%。

5.3.2.3 智慧物流配送技术

（1）无人车

无人车主要依托高精度遥感技术与智能导航系统，是一款可以在陆地上行驶，替代配送员将包裹全自动地配送到用户家门口的机器人。无人车体积小、四轮驱动，可以按照既定路线自动导航形式，具备环境感知、车道保持、动态识别、实时规划、智能避障等功能，能够提升配送服务规范程度，对配送需求做出及时响应，降低人力成本，满足消费者对于速度、服务、个性化等高质量的配送需求。

当前无人车技术主要应用于快递城市配送和港口码头区域，处于局部试点或局部应用。由于应用环境的复杂程度不同，快递配送无人车技术远高于港口码头作业的无人车，以京东无人车为例，京东无人车配备多个视觉传感器和雷达，通过生成视差图等方式构建三维环境，检测障碍物的大小和距离，控制无人车避障；通过深度学习算法，可以敏锐地识别交通标志和车道线，保证行驶遵守交通规则；基于特征的机器人同步定位与建图技术，实现了无人车自主定位与地图创建，进行自动认路；基于高精度立体影像数据结合 GNSS 卫星定位系统，能进行精准路线规划和导航定位，定位精度达到厘米级[12]。

（2）无人机

民用无人机技术的探索应用最早出现在快递配送领域，民用无人机机型较小，载重能力小，主要用于订单密度较低的偏远地区。例如美国亚马逊的 Prime Air 无人机主要用于郊区配送，我国京东无人机用于农村地区和偏远山区、岛区的快递配送。无人机技术在智慧配送中的作用具体表现为：①克服环境对配送的制约，具有空间优势；②灵活性强，具有时效优势；③优化末端配送流程，提升配送效率；④节约人力成本。

随着先进技术的发展，相关机构开始研发大型无人机，如顺丰定制的大型无人机最大起飞重量 3.4 吨、载荷 1.5 吨，最大飞行速度为 313 千米 / 小时，续航时间为 8 小时，最大航程 2000 千米，最大升限 6096 米，适应高原在内的各种复杂地形、特殊天气，主要市场是支线航空货运；京东研发的重型无人机目标有效载重量达 1 ~ 5 吨，飞行距离超过 1000 千米。大型无人机飞行距离长、载重能力大，将对未来道路运输货运行业产生一定的替代和补充作用[12]。

（3）智能快递柜

智能快递柜技术比较成熟，丰巢、速递易等智能快递柜在国内一二线城市广泛应用，优势明显。一是提高配送效率。配送员需要和客户协调配送时间，有时配送员已经按时到达订单上的地点，但因客户时间安排无法进行签收，配送员需要在其他时间再一次配送，这样就增加了时间成本。应用智能快递柜后，配送员在送件时可以将商品直接存放在快递柜内，避免配送员与用户时间错配的问题，提升配送效率。二是改善客户配送服务体验。智能快递柜 24 小时自助服务可以随时存取件，不会因为签收问题而干扰客户的日常生活工作，具有极高的便利性。三是具有较高的安全性。有些快递员在客户无法签收货物时，为避免再次配送，将货物放置在客户门口，导致货物丢失或客户信息泄露等问题。智能快递柜通过移动端扫码取件，具有较好的安全性，同时有效保护了客户隐私。

第 6 章　推进智能低碳交通基础设施建设

交通基础设施智能化是智能低碳交通发展的基础保障。本章介绍了绿色交通基础设施建设和低碳型智能交通基础设施应用，智能化基础设施与交通运输基础设施的同步规划建设可使基础设施更加智慧，不仅可以有效提高运输效率，同时可以降低能源消耗。

6.1　加强绿色交通基础设施建设

6.1.1　绿色道路基础设施建设

绿色道路内涵丰富，具体可以从不同维度来全方位理解和把握，主要体现为“五个全”：①系统构成体现全覆盖，包括绿色道路设施体系、绿色道路科技创新体系、绿色道路制度体系、绿色道路文化体系、绿色道路目标责任体系、道路生态安全体系等六大子系统；②重点领域体现全覆盖，涵盖生态保护修复、污染综合防治、节能降碳、资源节约循环利用等；③实现途径体现全方位，需综合采用优化结构、提质增效、科技创新、能力建设等手段；④发展环节体现全生命周期理念，将绿色发展理念贯穿于决策、规划、设计、施工、运营、维护、运输、管理等全过程；⑤发展对象体现资源环境的全要素涵盖，包括土地、岸线、能源、材料等主要资源节约循环，以及大气、水、土壤、声等生态环境保护。发展主体体现全民参与，包括政府、企业、中介组织和社会公众等，形成政府有效推动、企业自觉行动、社会共同参与的共治共享机制。

另外，绿色道路还具有多重属性，可以不同视角进行全面审视。从物理属性来看，绿色道路不仅是一个个实实在在的道路工程实体，更是广大道路建设从业者精心设计、精心打造的一件件留待历史检验的创作作品；从技术属性来看，是在道路建—管—养—运全过程全面落实绿色发展理念，集成应用新技术、新产品、新材料、新工艺的交通子系统；从服务属性来看，是道路行业为满足人民美好出行需要而提供运输服务的功能载体，也是为满足人民优美生态环境需要而提供的优质生态产品。

6.1.1.1 充电基础设施建设运营

“双碳”目标下，发展电动车辆无疑是未来发展的必然趋势。2021 年我国新能源汽车的全年总销量达 352.1 万辆，同比劲增 1.6 倍，作为新型交通基础设施，充电桩是电动汽车推广应用的基本保障。《“十四五”现代综合交通运输体系发展规划》指出，要完善城乡公共充换电网络布局，积极建设城际充电网络和高速公路服务区快充站配套设施，实现国家生态文明试验区、大气污染防治重点区域的高速公路服务区快充站覆盖率不低于 80%、其他地区不低于 60%。在此背景下，要大力推进停车场与充电设施一体化建设，实现停车和充电数据信息互联互通。重点推进交通枢纽场站、停车设施、公路服务区等区域充电设施设备建设，鼓励在交通枢纽场站以及公路、铁路等沿线合理布局光伏发电及储能设施，推动交通用能低碳多元发展，积极推广新能源和清洁能源运输车辆。配合相关部门研究制定各省高速公路、国省干线、内河航道和客运枢纽快充站、换电站布局方案，重点推进服务区、公路水路客运枢纽等充换电基础设施布局建设。

6.1.1.2 氢能源布局：加注（气）站、加氢站等基础设施建设

加氢站是为燃料电池汽车充装氢气燃料的专门场所，氢气经压缩增压后储存在高压储罐内，然后通过氢气加注机为燃料电池汽车加注氢气。从“十三五”到“十四五”，国家关于氢能发展的政策出台频次愈加密集、支持力度愈加增强、发展方向愈加明确，逐渐形成了战略产业引导、鼓励行业创新研发、示范建设执行的氢能行业发展政策支持体系。《交通强国建设纲要》提出要加强充电、加氢、加气和公交站点等设施建设，全面提升城市交通基础设施智能化水平。《关于完善能源绿色低碳转型体制机制和政策措施的意见》提出推行大容量电气化公共交通和电动、氢能、先进生物液体燃料等清洁能源交通工具，完善充换电、加氢、加气站点布局及服务设施，降低交通运输领域清洁能源用能成本。探索输气管道掺氢输送、纯氢管道输送、液氢运输等高效输氢方式。鼓励传统加油站、加气站建设油气电氢一体化综合交通能源服务站。

6.1.1.3 大力推广节能环保材料、工艺工法的应用

大力推广节能环保材料、工艺工法在基础设施上的应用，积极推动废旧路面、沥青等材料再生利用，扩大煤矸石、矿渣、废旧轮胎等工业废料和疏浚土、建筑垃圾等综合利用。积极推动钢结构桥梁、环保耐久节能型材料、温拌沥青、

低噪声路面、低能耗设施设备等应用。推动公路与生态融合发展，将绿色低碳理念贯穿公路规划、建设、运营和维护全过程。

6.1.2　绿色铁路基础设施建设

随着近年来铁路快速发展特别是高速铁路的快速发展，铁路作为绿色交通工具，引起了全社会更多的关注和更高的期盼，人们期盼铁路更快捷、更安全、更绿色，更好地发挥在综合交通运输体系中的绿色骨干作用。

一是集约节约利用资源和能源。科学布局线路和枢纽设施，集约节约利用土地、通道、桥位、枢纽及水资源，推进场站及周边综合立体联动开发。推广应用新型节能材料、工艺、技术和装备，淘汰高耗低效技术装备。加强新旧设施更新利用，推广建筑施工材料、废旧材料等回收循环综合利用，推进建设渣土等资源化利用。优化铁路用能结构，推广使用能源智能管控系统，提升能源综合使用效能。

二是强化生态保护和污染防治。践行生态选线选址理念，强化生态环保设计，依法绕避生态敏感区、脆弱区等国土空间。依法落实生态保护和水土保持措施，推进铁路绿化工作，建设绿色铁路廊道。推进铁路清洁能源化、绿色低碳化。强化铁路节能环保监测管理，推进污染达标治理，有效防治铁路沿线噪声、振动。

6.1.3　绿色港航基础设施建设

一是全面提升港口污染防治、节能低碳、生态保护、资源节约循环利用及绿色运输组织水平，持续推进绿色港口建设工作，鼓励有条件的港区或港口整体建设绿色港区（港口）。

二是推动内河老旧码头升级改造，积极推进散乱码头优化整合和有序退出，鼓励开展陆域、水域生态修复。

三是加大绿色航道建设新技术、新材料、新工艺和新结构引进和研发力度，积极推动航道治理与生境修复营造相结合，加快推广航道工程绿色建养技术，优先采用生态影响较小的航道整治技术与施工工艺，推广生态友好型新材料、新结构在航道工程中的应用，加强水生生态保护，及时开展航道生态修复和生态补偿。

四是探索建设集岸电、船用充电、污染物接收、加气加注等服务于一体的内河水上绿色航运综合服务区。开展旅游航道建设，打造一批具有特色功能的旅游航道和水上旅游客运线路。

6.1.4 枢纽的绿色基础设施建设

综合交通枢纽是综合交通网络的关键节点，是各种运输方式高效衔接和一体化组织的主要载体。推动枢纽的绿色基础设施建设，在提高综合交通运输网络效率、优化运输结构、提升多式联运发展水平、加快交通运输转型发展中具有重要作用。

推行交通枢纽场站节能建筑设计和建设，分区域构建综合交通枢纽场站“分布式光伏＋储能＋微电网”的交通能源系统，新建港口码头、物流枢纽等按照“能设尽设”的原则增建光伏设施，发展临港风电等能源系统。推动长三角、珠三角、环渤海主要公路客货运枢纽和主要港口等基础设施利用光伏、风力等可再生能源发电用电。鼓励在大宗货物短距离运输为主的港区建设应用封闭式皮带廊道及管道等设施或应用新能源车辆。推进有条件的枢纽场站、服务区、港口码头开展地热能、生物质能供热制冷。以重要港区、货运场站为主，推进内部作业机械、供暖制冷设施设备加快应用新能源和可再生能源，实现近零碳排放。推进绿色机场建设。

6.2 加强低碳型智能交通基础设施应用

6.2.1 车路协同交通系统

车路协同交通系统是指搭载先进的传感检测器、控制器、无线通信等装备，并融合现代网络、自动控制、人工智能等前沿技术，通过车载－基础设施传感检测和数据传输获取车辆运行信息和道路环境信息，再通过车－车（V2V）、车－路（V2I）、车－人（Vehicle-to-Pedestrian，V2P）、车－云（Vehicle-to-Network，V2N）之间的通信实现信息共享，并形成人、车、路之间的协同。

由于在提升驾驶安全性、出行舒适性、交通运行效率等方面均有巨大潜能，车路协同技术得到很多国家的大力支持。发达国家纷纷提出车路协同的战略规划，如美国的《智能交通系统 2020—2025》《智能驾驶 4.0》、欧盟的《地平线 2020 计划》《可持续与智能交通战略》、日本的《战略性创新推进计划》《智能社会 5.0 规划》均对车路协同和自动驾驶领域提出了明确的战略引导。我国在交通强国、新基建等国家战略中也为车路协同技术明确了发展方向，《智能网联汽车技术路线图 2.0》中已经为我国 2020—2035 年车路协同发展制定了战略技术路线，并明确提出了中国方案智能网联汽车技术和产业体系在 2035 年全面建成的战略总目标。在学界和业界，车路协同也是智能交通领域的研究热点。近五年来，车路协同市场规模和研究数量均呈指数倍增长。我国在北京、上海、广州等地相继开放了车路协同测试区，全国多地也在力推新的车路协同测试区建设。

6.2.1.1 基于车路协同的低碳交通智慧管控系统应用

交通管理与控制是指在既有交通基础设施条件下，通过信息诱导、路径诱导、信号控制、车速引导等技术手段，实现交通系统车辆安全、畅通、高效通过路段或道路节点。交通管控的应用场景非常广泛，包括城市主干路走廊、交叉口、快速路、匝道和停车场等。面向车路协同的交通管理与控制是利用数据通信传输、计算机分布式处理等技术的有效集成，在对道路交通数据进行采集、处理和融合的基础上，针对道路动态交通流状态，对单车与车群进行准确、实时的管理和控制，通常以保障安全、缓解拥堵为目标。车路协同下交通管控的具体实现形式有交叉口信号感应控制、城市主干路走廊绿波控制、快速路匝道控制、智能网联车群换道决策控制等。面向车路协同的交通管控数据采集的主要对象是车辆高精度运行信息，采集方式有检测线圈、激光检测器、摄像头、雷达以及车载GPS、车载诊断系统（On-Board Diagnostics，OBD）设备等。

将节能降碳融入智慧交通管控目标，首先要解决的技术问题是如何量化路上机动车在不同管控策略下的碳排放量。值得注意的是，从车辆能耗排放原理的角度出发，车辆碳排放强度受行驶工况（包含车速、加减速特征的车辆运行轨迹）和车辆参数（排量、能源类型、车型、车龄等）影响显著。由此可知，用于道路交通碳排放量化所需要的整车和运行信息，在精度和详细程度（采集频率）上比效率导向的交通管控措施所需数据要求更高。因此，需构建一个支持道路机动车碳排放监测量化的方法和设施设备体系，以获取碳排放量化和管控优化所需要的车辆运行轨迹、整车参数和碳排放因子三类信息。

在解决了道路交通流运行捕捉和碳排放监测量化问题的基础上，需要解析交通流潜在高碳排放致因机理（如行车交织导致的加减速密集区，长时拥堵、交叉口频繁启停等对各类车型排放的影响），包括探索典型交通管控场景下各类车型行驶工况特征和碳排放耦合机理，并形成多种管控措施下车辆潜在高排放识别机制。然后通过多层的交通管控措施优化交通流轨迹，实现节能降碳。基于车路协同的交通管控优化方案，可通过交通仿真技术建立管控区域的数字孪生模型并进行多情景预评估。在智慧交通管控优化方案落地实施阶段，也需要利用车载OBD信息，结合优化轨迹和碳排放量化方法，针对减碳效果进行监测和核验。图6.1展示了车路协同环境下交通智慧管控的基本技术框架。

6.2.1.2 基于车路协同的城市低碳智慧出行共享服务系统应用

近年来，我国城市居民日均出行量和平均通勤距离呈现不断增长的趋势。城市公众出行特别是公众通勤出行对公共交通的需求很大。然而，地面公交挤、

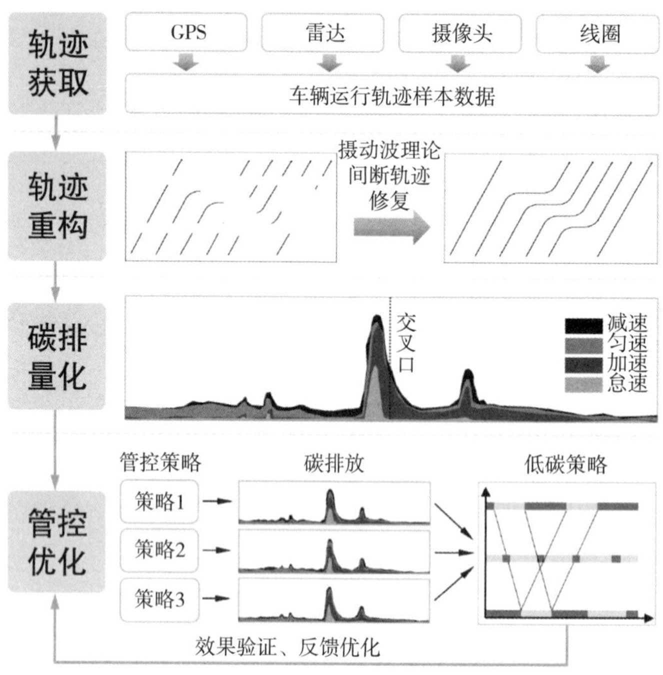

图 6.1　基于车路协同的低碳交通智慧管控技术框架

慢、绕、僵等运营现状导致公交分担率与上座率不理想，很多城市的公交服务效率低下，低公交分担率、长距离通勤等现状导致城市交通出行的高碳排放。而依托移动互联网的智慧出行，由于其舒适性与便捷性备受用户青睐。互联网预约出租车日均客运量连创新高，年均增长 51.8%，互联网租赁自行车日均骑行量高达 100 万人次。因此，充分利用互联网与车路协同优势，在进一步提升公共交通运营效率和出行品质的同时，提高合乘比例和车辆利用率，鼓励车辆新能源转型和绿色出行方式，是交通出行减碳的有效途径。

城市智慧出行应用车联网、大数据、人工智能、云计算等先进技术，以更趋弹性化（大、中、小型组合）的交通运载工具，通过车辆智能调度与匹配，充分考虑运营商经济性和出行者的舒适度，满足出行供需平衡。车路协同环境下的智慧出行将基于对车辆状态的实时追踪，动态调整车辆路径和服务决策，实现高灵活度、高响应度、高匹配度的需求响应式动态公共交通出行服务。车路协同下智慧出行的具体实现形式包括可偏移式公交、定制公交、共乘网约车、共享自行车等共享集约公交出行方式，且适用于企业向大众提供服务的运营模式：企业通过共享平台及手机 App 自行车、乘用车和巴士等协同运营管理，为出行者提供全出行链的绿色和便捷交通服务；出行者使用手机 App 预约出行，使出行需求根据实际路况和车载 GPS 定位、自动载客计数（Automatic Passenger Counter，APC）系统动态匹配到车辆，从而由运营商实施调度方案。从出行者角度，智慧出行能提高乘客出行的舒适度，吸引高碳排私家车用户向低碳公交出行迁移；从运营商角度，智慧出行通过更智能的车辆调度提升系统运行效率，改善传统公交由于运营效率和载客率低下导致的人均碳排放高的现状。因此，智慧出行在提供高质量公共交通服务水平的同时，可作为低碳出行的典型应用场景，在干预和诱导个人选择绿色出行方面大有可为。

对于车路协同环境下智慧低碳出行策略的制定，从企业车队角度，需要探索预算约束下企业新能源车分阶段的转型途径，实现转型过程全周期碳排放最低；从企业运营角度，需要探索以碳排放最小化（或单位载客里程的碳排放最小化）为目标的调度策略，开发多车型车辆调度运营优化技术，增加单位千米载客率，降低空驶距离，提高单位能源消耗的服务效率；从出行者角度，需要聚焦出行者个人对鼓励合乘和绿色出行的激励措施的异质敏感性和喜好演变特征。在此基础上，针对出行强度和时空分布大数据，建立绿色出行激励方案，对不同时段（高峰和非高峰）多人订单给予阶梯折扣或优先服务的方式鼓励合乘。图 6.2 展示了车路协同环境下低碳智慧出行共享服务的基本技术框架。

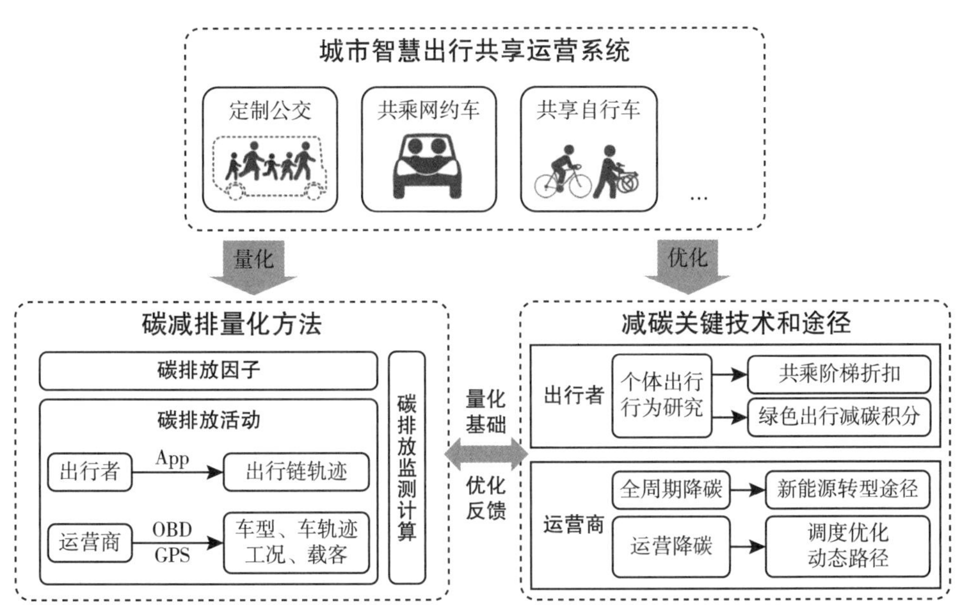

图 6.2 基于车路协同的城市低碳智慧出行共享服务技术框架

值得注意的是，车路协同作为一种先进的车辆监测、管控与诱导技术手段，尽管在改善交通流运行、减少路上拥堵、降低能耗和碳排放方面有很好的预期，但必须建立在出行者“配合”的前提下。因此，融合个人碳普惠机制与车路协同技术，将智慧出行和遵守智慧管控规则作为低碳行为纳入碳激励范畴，将有利于诱导出行者个体更好地遵循车路协同环境下的低碳交通系统运行模式，并促进智慧交通运营企业进一步提升绿色服务水平。

6.2.2 智能节电技术

6.2.2.1 LED 节能灯技术

相对于传统照明灯具，LED 灯具有节能、环保、寿命长、响应速度快和发光效率高的特点。随着 LED 节能灯照明技术的成熟和一些新控制技术的快速发展，LED 节能灯在交通领域的应用也越来越广泛，除了传统的照明外，还可应用于电子指示牌、可变情报板等设备。通过对高压钠灯与金属卤化物灯具的逐步替代，将有效降低交通基础设备的照明能耗，尤其对于隧道这种需要常年不间断照明的区域，更是效果显著。

6.2.2.2 供配电节能技术

交通用电的特点是点多线长，无论隧道还是公路监控，用电设施间隔距离都比较长。采用传统低压供电方式，电缆成本高且电能在传输过程中损耗大；而高压供电虽然能减少传输损耗，但因为需要二次配电，其供电系统复杂，有时甚至会出现供电端的能耗比用电端还多的情况。随着物联网和互联网技术的兴起和成熟，采用基于能源互联网的智慧供配电系统（图 6.3），实现分布式大功率供电，能够有效减少电缆成本和电能损耗，同时通过物联网和互联网技术优化供电系统，实现对用电设备的智能供电。

智慧供配电系统主要包括提高供电电压、采用分布式供电、采用单相供电等方面。采用智慧供配电系统不仅能降低供配电系统的建设投资，同时还能从机电

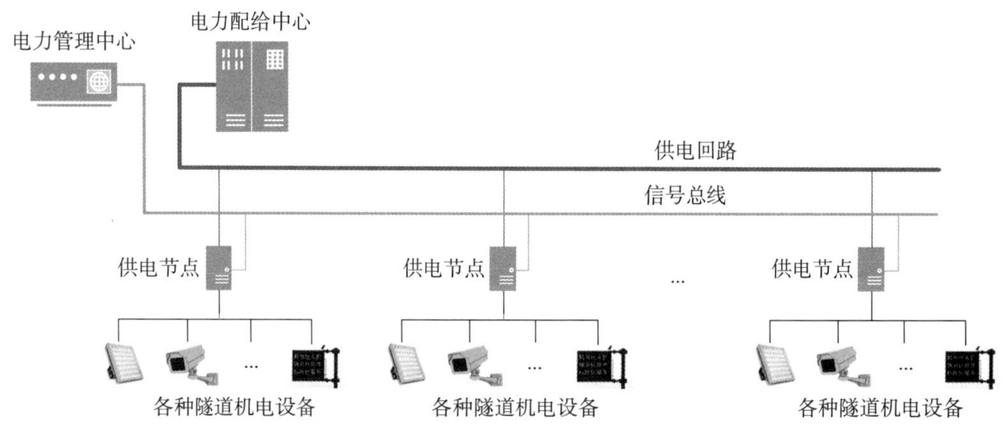

图 6.3 智慧供配电系统方案

系统的全寿命周期上考虑，提高供配电系统的供电效率与供电质量，延长机电系统的使用寿命，大大降低高速公路机电设备运营维护成本。

6.2.3　智慧监控

6.2.3.1　智慧高速公路监控基础数据平台

大数据、人工智能、云计算、车路协同等新一代信息技术的进步，加速了智慧高速公路发展。“智慧大脑”是智慧高速公路建设的核心内容，其本质是数据从离散到集中、从独立孤岛到融会贯通的演进过程（图 6.4）。监控基础数据平台是“智慧大脑”的数据分析与研判平台，为路网监测数据应用及业务管理提供数据服务、应用支撑与决策支持。平台主要功能包括：整合数据资源，实现路网综合管理相关数据的采集汇聚、清洗加工、分析挖掘、融合应用等；基于人工智能、机器学习等大数据支撑技术，高度自主地分析路网综合管理数据，探寻路网综合管

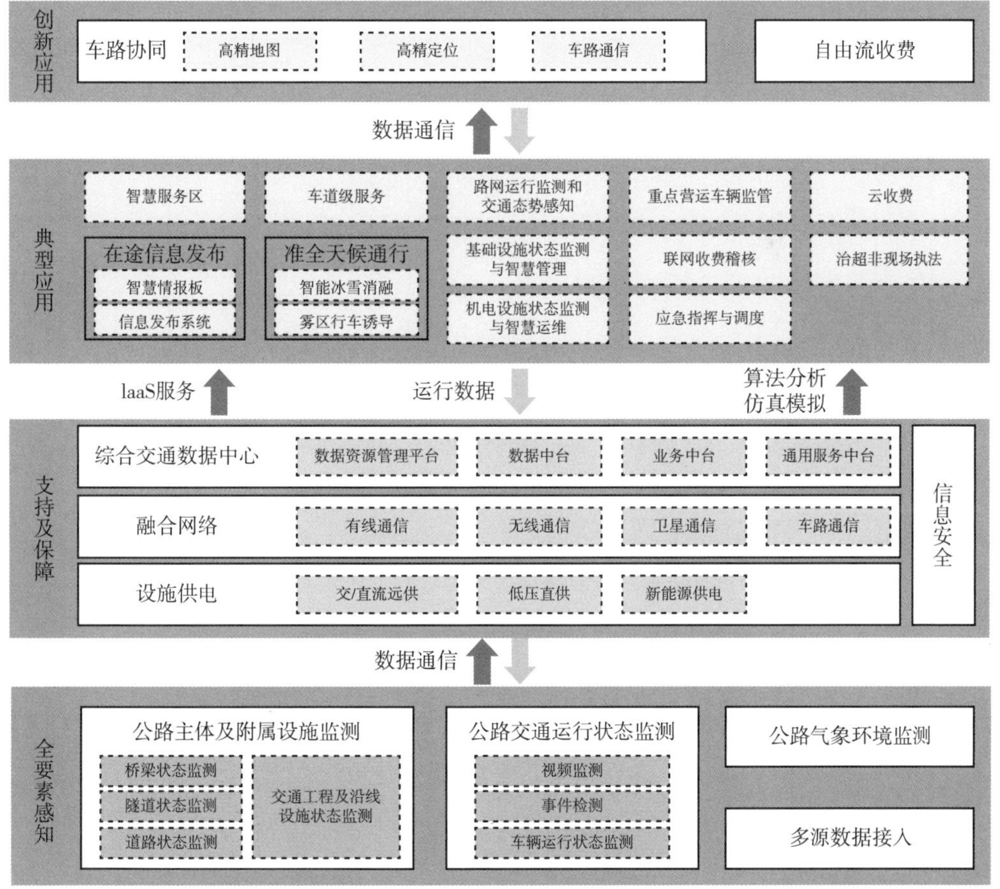

图 6.4　智慧高速公路总体技术架构图

理的敏感点、热点、风险点，提供数据、服务、应用等层面的数据服务开放能力；基于深度融合云计算和大数据技术，为使用者构建数据资源快速使用通道，让上层系统及用户更方便、更直接地使用各种数据资源、数据服务、数据工具，进一步挖掘数据价值；形成交通运行状态的实时监测、态势评估和路网管理数据，形成实时精准的公众出行服务信息，形成自动化事件检测与预警以及应急指挥调度信息。

（1）监控基础数据感知体系搭建

借助高清视频、北斗定位、专用传感器等多类感知设备，监测公路主体及附属设施、交通运行状态、公路气象环境等方面的数据参数（图 6.5），对数据进行高质量采集、高可靠传输、高价值挖掘，是推动实时交通管理、伴随式信息服务等业务应用的关键。

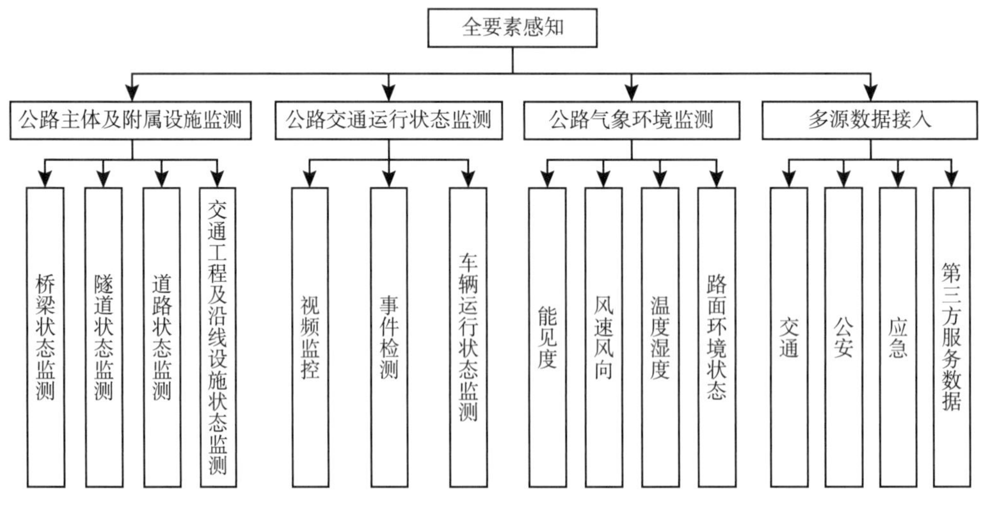

图 6.5　监控基础数据感知体系图

公路主体及附属设施监测主要包括桥梁状态监测、隧道状态监测、道路状态监测、交通工程及沿线设施状态监测，主要根据公路基础设施的结构特点，通过有针对性地布设相应的监测传感器，监测基础设施结构稳定性和技术状况等运行参数信息，为开展公路主体及附属设施的养护和运维提供数据支持。公路交通运行状态监测主要包含视频监控、事件检测、车辆运行状态监测，主要为制定路网管理措施、开展指挥调度与应急救援、发布交通信息等提供数据支持。公路气象环境监测主要包含能见度监测、风速风向监测、温湿度监测及路面状态监测，通过监测信息及时传送到监控中心，为公路运行管理（恶劣天气条件下及时清理路面、限速控制等）和公众出行服务提供气象信息支持。多源数据接入将交通、公安、应急、第三方服务数据等各方信息资源进行数据联通、多维融合、分类上传，构建立体化、空间化的信息关联体系。

（2）监控基础数据平台智慧化分级

依据监控基础设施的感知能力、基础平台的数据处理能力两大方面，监控基础数据平台智慧等级按照从低到高划分为 D0—D3 级，每个方面的能力指标分解为多个维度（表 6.1、表 6.2）。

表 6.1　监控基础数据平台智慧等级分类

等级	基础数据平台主要特征
D0 简单智慧化	重点路段具备交通流、气象环境自动感知能力，支持传统视频监控；感知技术手段单一；以人工感知为主、自动感知为辅。 单组织、单系统的数据简单协同处理，以人工处理为主、自动处理为辅
D1 基本智慧化	重点路段具备基础设施状态自动感知能力和智能视频监控，全路段具备传统视频监控、事件及环境自动感知能力；感知技术手段多样；以人工感知为主、自动感知为辅。 单组织、跨系统的多源数据简单协同处理，以人工结合简单智慧处理为主、自动处理为辅
D2 协同智慧化	重点路段具备基础设施状态自动感知和智能视频监控能力；全路段具备传统视频监控，事件、环境、车辆及个体行为自动感知，车载、手持等终端设备自动感知，人车路协同自动感知能力；感知技术手段多样；跨组织感知数据接入；以智慧感知为主、人工感知为辅。 跨组织、跨系统的多源数据，融合高效协同处理及协同智慧分析；智慧分析协同智慧决策，人工为辅
D3 自主智慧化	全路段具备基础设施状态自动感知和智能视频监控能力，传统视频监控，事件、环境、车辆及个体行为自动感知，车载、手持及穿戴终端设备自动感知，以及人车路协同自动感知能力；感知技术手段多样；跨组织感知数据接入；以智慧感知为主、人工感知为辅。 跨组织、跨系统的多源数据融合处理；自主可控的机器学习等深度智慧处理；支持完全自主智慧决策，人工可干预

（3）监控基础数据平台建设要求

监控基础数据平台包括数据资源平台和数据服务平台。

数据资源平台包含主机及存储设备、网络安全设备，采用云技术架构，按照满足未来 5 年的智慧公路业务发展需求建设，具备云资源能力、云服务能力和云安全能力，实现弹性扩容、海量存储、容灾备份、数据通信、业务交互、统一管理等功能，提供可定制、可调整的标准化计算服务、存储服务和网络服务能力。采用云平台进行监控基础设施资产实时在线数字化和全生命周期管理，实现资源合理配置，降低后期运维压力，提升对数据服务平台及应用系统的支持能力。

表 6.2　不同等级平台的监控基础设施感知内容

感知内容			D0	D1	D2	D3
公路主体及附属设施状态感知	桥梁状态感知	环境监测	○	◎	●	●
		结构响应监测	○	◎	●	●
		结构变化监测	○	◎	●	●
	隧道状态感知	裂缝监测	◎	●	●	●
		渗漏水监测	◎	●	●	●
		衬砌起层监测	◎	●	●	●
		路面与路基沉降监测	◎	●	●	●
		隧道环境监测	●	●	●	●
		火灾监测	●	●	●	●
		事件监测	●	●	●	●
	道路状态感知	高边坡监测	◎	●	●	●
		路基监测	◎	●	●	●
		路面监测	◎	●	●	●
	交通工程沿线设施状态感知	机电设备监测	◎	●	●	●
		交安设施监测	–	○	◎	●
公路交通运行状态感知	交通流状态监测	交通流检测设备	●	●	●	●
		多渠道共享交通运行信息	○	◎	●	●
	交通事件检测	交通事件检测设备的应用	○	◎	●	●
		多部门共享突发事件信息	○	◎	●	●
	车辆运行状态监测	RSU 设备的应用	○	◎	●	●
		车牌识别设备的应用	○	◎	●	●
公路气象环境感知	气象环境感知	道路综合气象感知	●	●	●	●
		路面状态感知	◎	●	●	●
		气象局共享信息	○	◎	●	●

注：●表示应建设，◎表示宜建设，○表示可建设，－表示不涉及。

数据服务平台具备数据规划、数据采集、数据处理、数据交换共享、数据可视化等功能。数据规划建立数据标准，形成数据资产目录。数据采集将公路系统内部数据、系统间数据、外部社会数据资源统一采集交换到基础数据平台，满足不同网络环境、不同数据类型的数据采集。数据处理将分布的、异构数据源中的数据抽取到临时中间层进行清洗、转换、集成，加载到数据仓库中作为大数据分析处理的基础。数据交换共享根据数据资产目录进行数据接口封装，为其他业务提供数据服务，并实现服务授权、认证、共享过程的统一管理。数据可视化提供友好的数据可视化服务，具备实时数据流分析显示功能。

6.2.3.2 监控基础设施的服役状态数字化监测

（1）基础设施服役状态数字化监测与智慧管理

通过公路基础设施状态感知系统，实现对公路主体基础设施规划、设计、建设、养护、运行管理等全生命周期的数字化监测和智慧管理，满足对重要桥梁、隧道、路基路面、边坡等基础设施进行实时监测、分析。

（2）机电设施运行状态数字化监测与智慧管理

通过物联网传感器、5G通信等技术，实现机电设施（包括传统机电和智慧高速机电设施）从选型、安调、运行、保养、维修、改造、更新直到报废的全寿命周期数字化在线监测、潜在故障早期识别、故障自动报警等功能。

（3）信息系统数字化运维

通过人工智能等技术手段实现业务系统、共性服务平台与基础数据平台的基础指标、日志数据、告警数据、网络数据、数据库数据等多维数据汇集，通过对数据进行分析运算，实现信息系统故障自动判断和故障提前预警。综合考虑人力分布、故障内容、故障地点等多维度因素，设计智能调度算法模型，自动推送相关工单信息至最佳运维人选，实现运维资源的科学分配和高效使用。

专栏：监控基础设施的服役状态数字化监测——桥梁结构健康监测

20世纪80年代，随着传感测试、计算机、网络传输、数字信号处理、数据库等技术的长足发展，许多国家开始研制结构监测仪器和设备，在桥梁上建立结构健康监测系统，实现对设定参数的连续、自动测量和记录，并对监测数据进行超限报警。

桥梁结构健康监测技术于20世纪90年代初引入我国，随着我国桥梁建设规模的扩大和对桥梁安全重视程度的提高，桥梁结构健康监测系统的建设规模和水平也不断提升，并带动了相关领域的科学研究和产业发展，在系统建设规模、技术研究水平以及产业规模上均走在了世界前列。

我国于1997年在青马大桥建立了第一个大型桥梁结构健康监测系统（图6.6），此后又在汉水门大桥、汀九大桥、江阴大桥、徐浦大桥、东海大桥、苏通大桥、昂船洲大桥、杭州湾大桥、珠江黄埔大桥、港珠澳大桥等建立了功能完备的桥梁结构健康监测系统。据不完全统计，到2019年年底我国已有约500座桥梁建立了结构健康监测系统。《关于进一步加强公路桥梁养护管理的若干意见》中提出“2025年年底前实现跨江跨海跨峡谷等特殊桥梁结构健康监测系统全面覆盖”的目标。

可视化监测

青马大桥结构健康监测系统

图6.6 青马大桥结构健康监测系统

6.2.3.3 智慧能源管理系统

智慧能源管理系统的构成包括硬件系统和软件系统两部分。其中，软件系统包括应用数据库、数据采集程序、数据传输程序、数据处理程序以及应用程序模块等；硬件系统是分布式系统，分布在各站点、公路监测点等能耗设备监测现场，主要包括电力能耗监测系统的数据采集器、电力能耗监测盒和能耗数据汇聚盒以及传输装置，能源监测系统的逆变箱数据采集模块和传输装置，车辆油耗监测系统和排放监测系统的监测装置，以及数据中心的数据服务器、分析服务器、显示设备。

第 7 章　发展智能低碳交通工具

传统动力交通工具在使用阶段的碳排放占比高居不下，是交通领域碳中和的最大障碍。大力推广智能化信息技术在运输工具节能低碳化中的应用，将有助于实现交通工具在使用阶段的绿色低碳。本章具体介绍了包括交通运输工具的电动化和新能源化、智能化和网联化在内的先进适用的低碳智能技术和产品。

7.1　交通运输工具的电动化和新能源化

7.1.1　新能汽车技术

7.1.1.1　新能源汽车概述

根据《新能源汽车产业发展规划（2021—2035 年）》中的定义，新能源汽车是指采用新型动力系统，完全或主要依靠新型能源（如电能等非石油燃料）驱动的汽车。主要包括纯电动汽车、增程式电动汽车、插电式混合动力汽车、燃料电池汽车以及使用其他新型能源的汽车。

纯电动汽车是指车辆的驱动力全部由电机供给，电机的驱动电能来源于车载可充电蓄电池或其他电能存储装置的汽车，如图 7.1 所示。纯电动汽车整车主要包含电驱动系统，动力电池及其高精度电池管理系统，整车控制系统，高低压电气平台，电动化底盘平台，整车热管理系统，以及车身、智能座舱系统等。

增程式电动汽车是指整车所有动力性能的发挥不仅可以通过纯电模式，也能利用车载辅助供电装置（与驱动系统之间没有传动连接）提供电能，以延长续驶里程的电动汽车（图 7.2）。

插电式混合动力汽车是指车辆的驱动力由驱动电机和发动机同时或单独供给，具有外接充电功能，纯电动模式下续驶里程符合我国相关标准规定的汽车。该类型车辆与传统混合动力汽车具有相同的部件，包括发动机、电机、电池、动力耦合装置和变速箱等。插电式混合动力系统构型包括串联式、并联式及混联式。

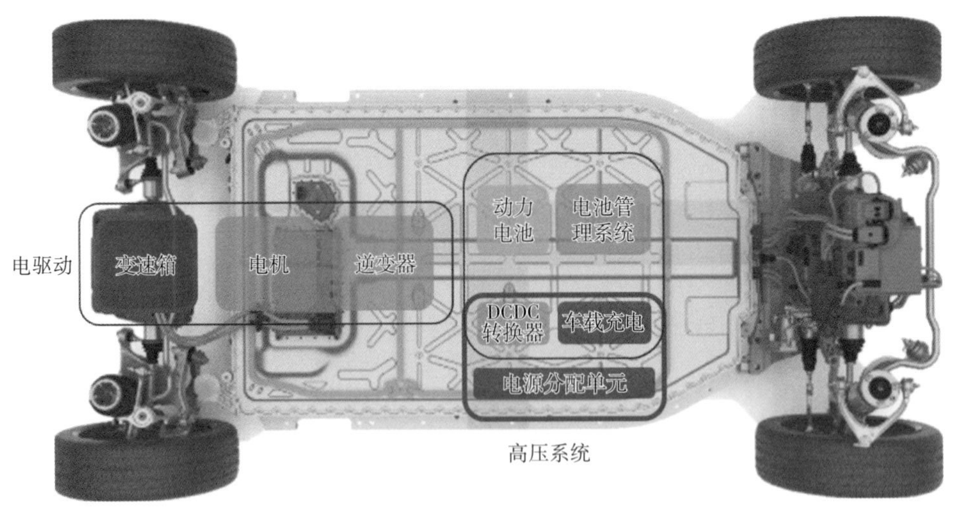

图 7.1　纯电动汽车动力系统结构

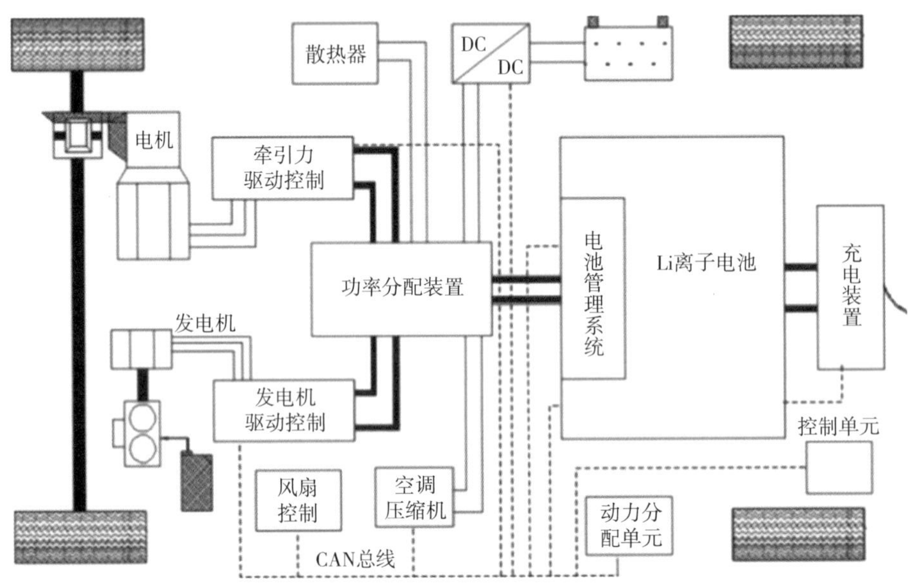

图 7.2　一种增程式电动汽车原理

燃料电池汽车是以燃料电池系统作为动力源或主动力源的汽车（图 7.3）。燃料电池系统将车载氢气蕴含的化学能转化为电能，然后经由驱动电机将电能转化为机械能驱动车辆行驶，排放物仅有反应生成的水。根据电解质不同，燃料电池可分为五类：碱性燃料电池、熔融碳酸盐燃料电池、磷酸燃料电池、固体氧化物燃料电池以及质子交换膜燃料电池。

7.1.1.2　动力电池技术

动力电池作为新能源汽车能量存储与转换装置的基础单元，其电性能、安全可靠性和使用寿命等对整车设计、开发、运营以及维护至关重要，直接影响新能

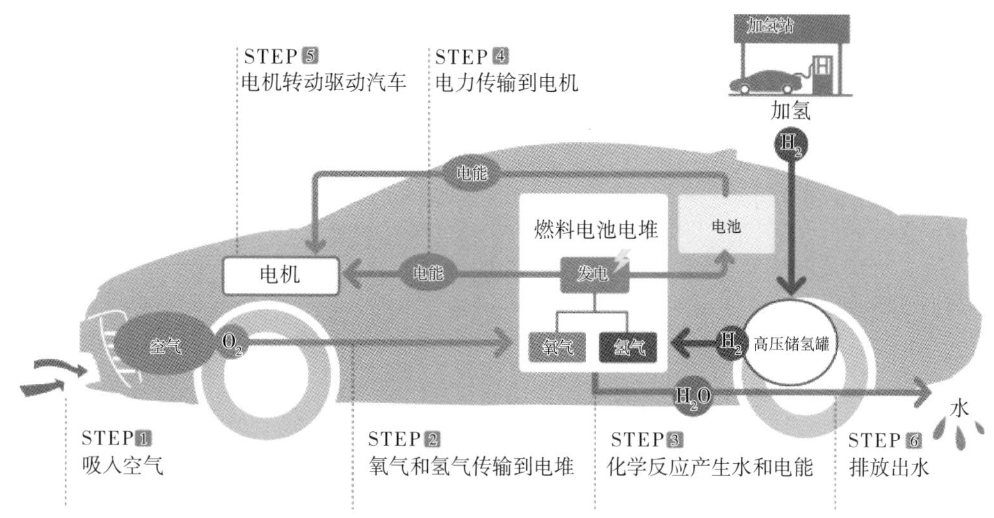

图 7.3　燃料电池汽车工作原理

源汽车的市场应用和普通消费者的接受度，其技术发展水平是全球汽车产业电动化转型的关键支撑。

新能源汽车动力电池整体技术架构（图 7.4）设计实现了全产业链覆盖，包括动力电池、系统集成、新体系动力电池、关键材料、制造技术及关键装备、测试评价、梯次利用及回收利用。

7.1.1.3　充换电技术

鉴于电动汽车产业快速发展，大功率充电技术、小功率直流充电技术、无线充电技术、柔性充电堆技术、充电连接技术、有序充电等新技术正逐步产业化。

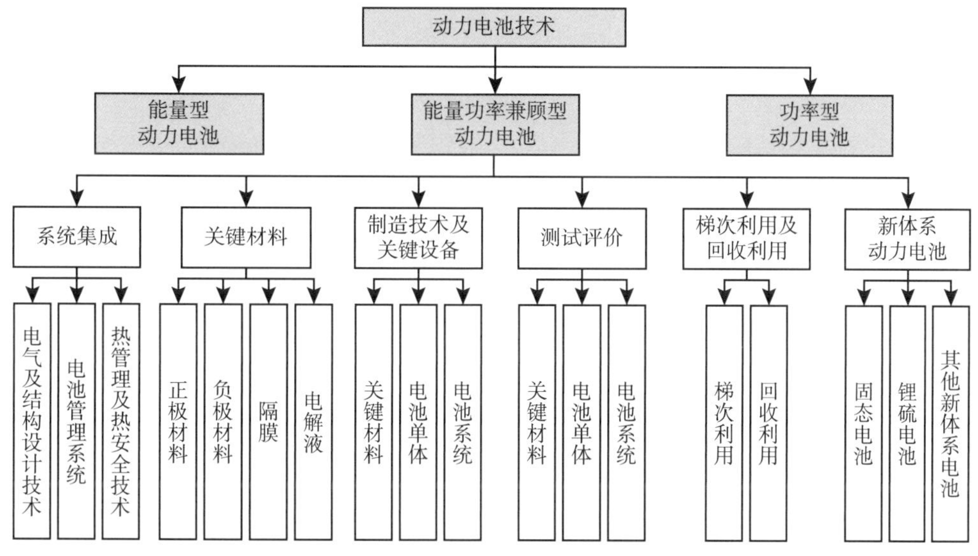

图 7.4　新能源汽车动力电池整体技术架构

同时，结合智能充储放技术、车网互动电能协调技术兴起，电动汽车与智能交通以及智慧能源的联系越来越密不可分，互联网 + 跨界融合创新正不断为充电设施发展提供新的发展空间。此外，传统充电运营商向综合多业务能源服务供给商的转变成为趋势，今后充电基础设施网络将为不同使用场景的电动汽车提供更为全面、方便、灵活、安全的服务功能。

（1）大功率充电技术

大功率充电是相对而言的。由于功率是由电压和电流决定的，所以大功率基本上可以理解为这两个指标的提升。目前还没有一个明确的定义给出大功率的功率范围，欧美接受度较高的是 350 千瓦（1000 伏，350 安），特斯拉也把其大功率充电定义在 350 千瓦甚至更高的范围。我国的标准可能定义为 1500 伏 *600 安 / 900 千瓦，但目前还无法达到要求。

（2）无线充电技术

无线充电技术源于无线电力输送技术。无线充电又称作感应充电、非接触式感应充电，是利用近场感应，由供电设备（充电器）将能量传送至用电装置，该装置使用接收到的能量对电池充电，并同时供其本身运作之用。由于充电器与用电装置之间以电感耦合传送能量，两者之间不用电线连接，因此充电器及用电装置都可以做到无导电接点外露。电动汽车无线充电系统分为地面发射端和车载接收端两部分，地面发射端和车载接收端隔空传递能量。

（3）换电技术

电动汽车换电模式是通过更换电动汽车动力电池的方式为电动汽车提供电能补给的一种形式。换电模式主要通过换电站实现电动汽车的换电服务，能够在换电过程中对换电设备、动力蓄电池的运行状态进行监控，并对大量电池进行集中存储、集中充电、统一配送，实现电池维护管理、物流调配以及状态监测的一体化管控。

7.1.1.4 电驱动总成系统

新能源汽车电驱动总成系统是驱动电机、电机控制器通过集成不同的机械组件（变速器、离合器等）形成的动力总成系统，是为新能源汽车提供主要的能量转换与动力传递的系统。电驱动总成领域以纯电驱动总成、机电耦合总成、商用车动力总成、轮毂 / 轮边电机总成为重点，以基础核心零部件 / 元器件国产化为支撑，提升我国电驱动总成集成度与水平。

驱动电机是将电能转换成机械能为车辆行驶提供驱动力的电气装置，该装置也可具备机械能转化成电能的功能。新能源汽车在放电状态下驱动车辆前进或者后退时，电能转化为机械能，表现出电动机特性；在车辆松开加速踏板或者踩下制动踏板时，机械能转化为电能，表现出发电机特性。现阶段的新能源汽车常用的驱动电机包括永磁同步电机及交流异步电机两种，且大多数新能源汽车采用的是永磁同步电机，只有少部分车辆采用了交流异步电机。

电机控制器是控制动力电源与驱动电机之间能量传输的装置，由控制信号接口电路、驱动电机控制电路和驱动电路组成。电机控制器是电驱动系统的核心控制单元，它将来自动力电池的直流电转换成三相交流电，根据挡位、油门、刹车等指令控制驱动电机的运转。同时，电机控制器具有电机系统故障诊断保护和存储功能。

7.1.1.5 线控底盘技术

当前，线控底盘技术已成为节能高效和智能化发展目标下汽车动力底盘平台技术的一大核心领域。汽车线控底盘技术的本质是由“电线”或者电信号实现传递控制，而不是通过机械连接装置来操作。传统操纵汽车的方式是：当驾驶员踩制动、踩油门、换挡、打转向盘时，都是通过机械机构来操纵汽车。而线控技术则是在控制单元和执行器之间用电子装置取代传统的机械连接装置或液压连接装置，将动作转化为电信号，由电线取代机械传动部件来传递指令操纵汽车。线控技术取消了机械结构，赋予了汽车设计新的空间。

汽车线控底盘系统颠覆了传统的控制和反馈方式，也对自身提出了全新的技术要求，驾驶员的操纵指令通过人机接口转换为电信号传到执行机构，控制执行机构的动作；传感器感知功能装置的状态，通过电信号传给人机接口，反馈给驾驶员。线控系统在人机接口通信、执行机构和传感机构之间，以及与其他的系统之间要进行大量的信息传输，要求网络实时性好、可靠性高，而且要求具有安全冗余功能，以保证在故障时仍可实现装置的基本功能。

7.1.1.6 整车热管理技术

与传统汽车相比，纯电动汽车低温环境适应性越来越成为用户使用的痛点，其根本原因在于动力电池、功率器件和电机绕组等动力部件工作特性与温度强相关，受温度影响性能差异大。因此，对整车热管理系统提出了更高要求。

电动汽车热管理由电池热管理、汽车空调系统、电驱动及其他电子功率件冷却系统构成（图 7.5）；传统车热管理系统则包括动力系统热管理（发动机、变速箱）与驾驶舱空调系统。对于制冷，电动汽车与传统车原理差异有两点：一是传统车压缩机可由发动机驱动，而电动车由于动力源变为电池，需使用电动压缩机；二是在系统联动上，传统车动力系统与空调制冷过程较独立，而电动车电池与空调冷却系统通常耦合联动。传统汽车热管理系统架构复杂度和功能需求维度低于电动汽车，且有发动机余热利用，使得纯电动汽车热管理系统更为复杂、功能需

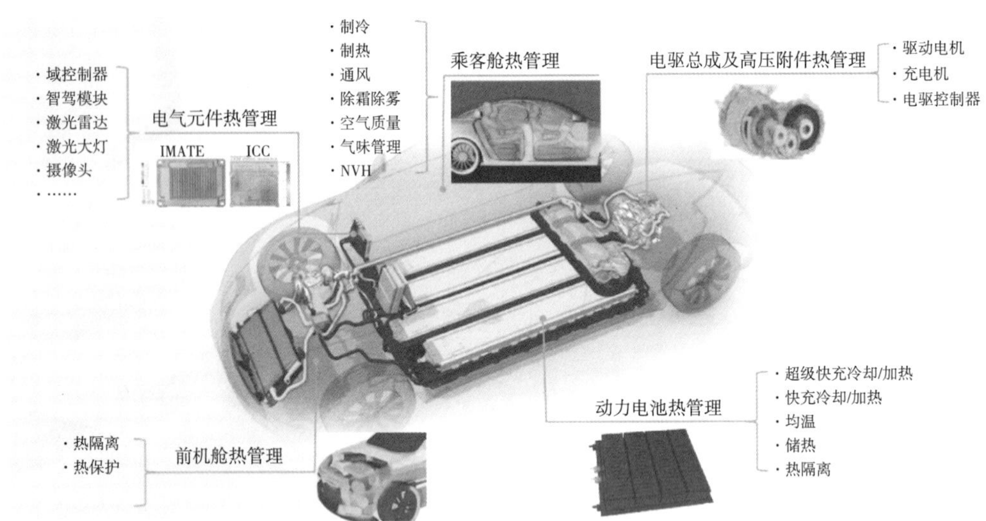

图 7.5 电动汽车整车热管理系统组成

求更多，成为电动汽车重要的子系统。

7.1.1.7 汽车轻量化技术

汽车轻量化是在确保汽车各项性能不变或提升的前提下，通过结构优化设计和 / 或轻量化材料应用以及制造工艺优化的实施，实现整车整备质量最大限度减少或保持在可接受范围。轻量化不仅是一个产业链上下协同的系统工程，也是一个贯穿汽车全生命周期的生态体系（图 7.6），涉及整车集成优化、零部件设计和生产、原材料供给、工艺（成形和连接）和与之相关的装备（模具）、材料的回收再利用等。因此加强汽车轻量化技术研究与应用，不仅对汽车产业节能减排具有重要作用，也可带动汽车相关产业的绿色可持续发展。

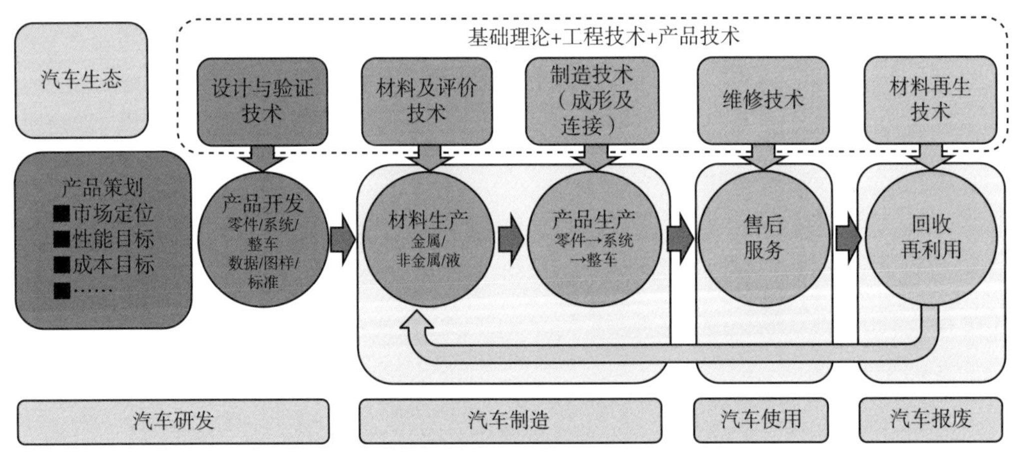

图 7.6 汽车轻量化技术生态体系

7.1.1.8 低风阻技术

汽车在行驶过程中会受到滚动阻力、空气阻力、坡路阻力、加速阻力以及内部的摩擦阻力等各种阻力的作用。其中，空气阻力指汽车行驶时受到的空气作用力在行驶方向上的分力。空气阻力的大小与速度的平方成正比。随着车速的上升，空气阻力也逐渐成为行驶阻力中占比最大的组成部分。据统计，当车速在 30 千米 / 时以下，空气阻力只占总阻力很小的一部分；当车速超过 80 千米 / 时，空气阻力约占总阻力的 50% 以上，成为车辆需要克服的首要阻力；当车速超过 120 千米 / 时，空气阻力约占总阻力的 80% 以上。因此，减小行车空气阻力对节能减排有着重要的现实意义。

优化汽车造型设计能够降低空气阻力。低风阻造型优化设计有外型优化和局部优化两种方式。外型的整体优化通常具有较大的自由度，造型风格可以结合空气动力学性能目标进行较大幅度的调整，包括从硬朗的棱角到圆弧、造型转向柔和等。局部的优化相对自由度较小，通常采用局部改动增加降阻部件的方式，而这些局部微小的改动并不影响造型设计风格。

7.1.2 新能源船舶技术

7.1.2.1 新能源船舶技术概述

新能源在船舶上的应用是最具有革新性和代表性的水路交通绿色化技术，能够从根本上减少温室气体、水气污染物以及噪声等。目前，我国船舶能源仍以柴油为主动力能源，液化天然气、锂电池、燃料电池等新能源得到了局部示范应用。太阳能、风能等可再生能源的能量密度低，无法满足船舶主要供能需求，多作为辅助能源，通过储能模块用于船上生活用电。甲醇、氢和氨是未来理想的替代燃料，但是带来的船用安全性问题尚未得到解决，仍处于试验研究阶段。核能的放射性限制了其在民船上的普遍应用。

总的来说，船舶能源类型正从以化石能源为主逐渐转向多能源混合高效利用。新能源的接入推动着船舶动力系统朝着电动化方向发展，船舶的推进形式也将由传统的“机械推进 + 螺旋桨”向“电力推进 + 新型推进器”转变。当前，新能源船舶的关键技术包括蓄电池动力应用技术、混合动力应用技术、新能源安全保障技术等。

7.1.2.2 蓄电池动力应用技术

蓄电池动力应用涉及多个技术领域，包括动力电池模块化集成技术、电池动力管理系统和充电技术。

（1）蓄电池组模块化集成系统构架

为满足船舶功率需求，需要将单体电池模块转化成电池组形式。常见的电池组连接架构主要有直接串联、先串联再并联和先并联再串联。在确定蓄电池组构架后，根据船舶电力负荷计算，确定船舶所需总电量。为了减少监测传感器和电池舱监测点的数量，降低通信数据传输量，在满足应用条件的情况下，应尽可能选用大容量单体电池来提供能量。

（2）蓄电池管理系统

电池管理系统用于监测和管理电池电源，以提升电池的工作性能和使用寿命，保障动力电池安全高效工作，主要具有以下功能：监控单体电池的电压和电流，以防峰值过高或过低；估算电池的剩余电量，以制定电池管理策略；对电池进行热管理，以监控电池温度参数；进行均衡管理，以减小电池寿命差异。

（3）蓄电池充电技术

对于电池系统而言，充电方法对其性能影响很大，高效的充电方法可减少船舶在港口及水上服务区的停靠时间，提高营运效率。同时，还需考虑充电方法对电池使用寿命的影响。目前的充电方法主要有间歇充电法、恒流充电法、脉冲充电法和恒压充电法。

7.1.2.3 混合动力应用技术

混合动力船舶主要指由不同类型的发动机驱动或者具有一种以上电力来源（如柴油机发电、电池、超级电容、燃料电池）的电动机驱动的船舶。当前，混合动力船舶主要有柴油 – 电池混合动力船、柴油 – 燃料电池混合动力船、柴油 –LNG 混合动力船以及柴油机 – 风翼混合动力船 4 种类型。目前处于使用或服役的混合动力船舶以柴油 – 电池混合动力船舶为主，主要因为柴油 – 电池混合动力船相较于纯柴电推进船舶，可根据复杂多变的工况实现多工作模式切换，从而维持较高的燃油经济性并减少机械振动；相较于纯电动推进船舶，前期投入成本较小且具有强大的续航能力。

从动力源的耦合方式和控制系统特征出发，现有的混合动力系统可以分为串联式混合、并联式混合、串并联式混合和复杂式混合 4 类。目前混合动力研究最多的类型为柴油机 – 电池混合动力和气体机 – 电池混合动力，其存在的共性技术难题主要有两方面。

一是能量管理技术。能量管理系统设计技术主要包括能量匹配技术、能量监测保护技术和能量切换控制技术等。能量管理系统应用技术需要实现发电分系统的自动化管理、主要用电负载的管控、输配电分系统的监控与保护以及系统的能量优化管理与控制策略等。

二是切换控制技术。船舶混合动力系统是一个复杂的强非线性、机电耦合系统，不仅结构复杂，而且组成设备特性迥异。首先，其工况环境变化大且工作模式较多，包括柴油机（气体机）推进模式、柴（气）电混合推进模式以及电力推进模式；其次，约束条件多，包括齿轮箱并车和解列过程中能量波动限制、柴（气）电混合推进模式时的电力并网、天然气发动机动态响应限制等。这些约束给船舶混合动力系统在多模式时的平稳切换控制带来了很大难度。

7.1.2.4 新能源安全保障技术

船用新能源模块的逐渐应用给船舶安全监管提出了新要求，新能源船舶的进一步发展需要切实保障新能源船舶的运行安全。因此，新能源动力系统安全保障技术也是智能新能源船舶发展的关键技术。

（1）液化天然气系统安全

船舶液化天然气动力系统一般包括气体燃料发动机、气罐、充装站、供气管路和电控系统等。LNG 燃料易泄漏且易燃易爆，LNG 动力系统的危险集中于“三点一线，四大部件”，即气罐处所、机器处所和充装处所三点，以及 LNG 输气管系（含管系内部附件和阀件）、发动机、LNG 气罐、热交换设备和电子控制系统四大部件。因此需要对 LNG 动力系统中的 LNG 储罐、供给系统管接头等关键节点加装甲烷浓度传感器，实时监测甲烷浓度；同时配合烟雾传感器和光传感器监测舱内环境，结合应急消防和隔离设施，避免舱内火灾发生，以保障船舶安全稳定运行。

（2）电池系统安全

由于选用大容量单体电池，存在放电电流大以及电压等级高等问题，因此保障蓄电池电力系统运行时的安全性和稳定性极为重要。电池安全研究包括电池布置、安装、绝缘和散热等方面。除了对单体蓄电池及蓄电池组建立电池管理系统，还要求能够自动检测并切除故障电池。当故障无法自动切除时，电力管理系统应具有紧急关断功能，不让故障电池继续工作。同时，需要对电池舱进行防火监控，配备感烟感温火灾自动探测系统和应急消防设备，以便在出现紧急情况时能够及时报警和处理。

7.1.3 铁路电气化技术

7.1.3.1 铁路电气化技术概述

铁路电气化技术主要指铁路牵引供电系统的相关成套技术。系统主要由牵引变电所和接触网组成，通过从上一级电力供电系统获得电能，通过牵引变电所内的变压器等装置进行电压等级变换，通过供电牵引网进行电能传输，向电力机车/

动车组负载提供所需电流制式的电能，并完成牵引电能传输、配电等功能。

1958 年，我国依靠自己能力建成的第一条干线电气化铁路宝成铁路宝凤段电气化正式开工。伴随着改革开放的进行，到 2012 年年底，我国电气化铁路总里程超过了 4.8 万千米，跃居全球首位。铁路电气化技术的发展也助力了高速铁路的腾飞。2008 年我国第一条时速 350 千米高速铁路——京津城际铁路建成通车，通过引进消化吸收成套高速铁路牵引供电技术，为我国高速铁路电气化技术标准体系的构建奠定了基础。2011 年京沪高速铁路建成通车，不同张力体系高强度接触网、自主知识产权牵引变电系统展示了强大的供电能力和匹配能力，动车组以创造最高时速 486.1 千米运营试验速度，成为世界上一次性建成里程最长、标准最高、具有世界先进水平的电气化高速铁路。随着智能铁路的突破性发展，智能化技术进一步为电气化铁路赋能，2019 年建设完成了我国第一条全线布置智能牵引供电系统的智能化京张高铁。到 2019 年年底，我国已经建成世界上最发达的高铁网，全国电气化铁路总里程超过 10 万千米，高速铁路总里程达到 3.5 万千米，电气化铁路里程和高铁里程稳居世界第一。

7.1.3.2 牵引变电技术

（1）外部电源

外接电源的大小要看电源系统的分布情况，也要看牵引负载的电量高低。牵引供电外电源的电压等级，在世界上不同国家是不一样的。我国外电源电压等级为 110 千伏，德国接入牵引变电所的牵引网电压为 15 千伏。日本新干线的外接电源电压等级为 275 千伏，而法国的电压等级大多为 225 千伏。

早期我国电气化铁路的外接电压等级一般是 110 千伏。随着重载铁路和高速铁路的发展，牵引负荷功率变大、行驶密度大，对牵引供电系统的可靠性要求增高。目前我国大部分牵引变电所接 220 千伏两路独立电源，在西北地区部分牵引变电所采用 330 千伏供电系统，在南部广东等地区存在 110 千伏供电系统。

（2）牵引变电所

牵引变电所是牵引供电系统的中枢，主要作用是将电力系统供应的电能转变为适用于电力牵引及其供电方式的电能，核心部件包括牵引变压器等。

（3）牵引变压器

牵引变压器是主要电气化铁路电压等级变换的核心电气设备。由电网三相交流高等级电压一次侧接通牵引变压器高压侧，二次低压侧接通单相牵引网对电气化线路进行供电。现有牵引变压器主要有 10MVA、16MVA、20MVA、25MVA、31.5MVA、40MVA、50MVA、63MVA 等多种容量等级。不同的牵引变压器有不同的电气参数，目前使用较多的牵引变压器接线形式主要有单相接线、单相（或三相）V/V 接线、三相 YND11 接线、阻抗匹配接线、斯科特接线、WoodBridge 接线等。普速铁路大部分采用 YND11 接线和 V/V 接线，而 V/X 接线方式在我国高速铁路中应用较多。

（4）牵引供电方式

随着电气化铁路技术的发展，牵引供电方式也在不断更新和发展。线路载流量、钢轨电位、末端电压、供电距离等因素是铁路牵引供电方式选择时主要考虑的因素。同时，对电网、铁路的技术要求和通信系统的保护也要综合考虑。目前发展的牵引供电方式主要有直接供电、直接供电方式带回流线、BT 供电、AT 供电、同轴电缆供电（CC 供电）。未来基于柔性直流供电方式的新型牵引供电系统正在进一步研究和发展。目前我国电气化铁路主要采用直接供电方式和 AT 供电方式。

直接供电方式是以前机车从接触网受流，牵引电流直接经大地和钢轨返回变电站的铁路最基本的供电方式。我国早期的电气化铁路建设多采用直接供电的方式，因为直供接触网架设相对简单、投资小、便于检修。在这种供电方式下，牵引电流很容易产生比较高的轨道电位，通过轨道向变电所回流，从而感应干扰通信信号线路。为此，可在接触网支柱上架设与钢轨平行并联的回流线，以克服直流供电方式下钢轨电位较高等不足。

AT 供电方式采用自耦变压器作为供电中继来完成，是电气化铁路大容量供电的有效方式。从供电结构形式看，目前国内与国外高速铁路、重载铁路牵引供电系统基本都采用 AT 供电方式。

7.1.3.3 接触网及受电弓

牵引供电系统通过接触网和受电弓向运行的电力机车和动车组传递电能。接触网沿铁路架设，是向电力机车和动车组供电的装置，接触网一般包括接触网悬挂、支柱与基础、支持与定位装置、电气辅助设施四大部分。其中接触网悬挂是弓网受流关系中的核心系统，关系到电气化铁路受流质量的关键。接触网按是否架设承力索分为简单悬挂和链型悬挂两种。其中链型悬挂主要有简单链型悬挂、弹性链型悬挂和复式链型悬挂。简单悬挂方式因较大的弛度、弹性均匀度较差，不适用于高速铁路，一般在 80 千米 / 时的线路上使用。简单链型悬挂结构简单、施工维护方便，但弹性均匀度相对链型悬挂要差一些；结构稍复杂、施工难度较大的弹性链型悬挂的弹性均匀度属上乘，适用于高速铁路；复式链型悬挂的优点是防风性能优异，但在建造和维护上优势不明显。

受电弓是一种受流设备，专门用来为列车提供电能，安装在动车组 / 电力机车的车顶上，通过滑动接触线使其上升后获得电能，为列车供电。受电弓和接触网是一对交互式振动系统和摩擦耦件，必须有受电弓进行匹配，才能获得良好的受流性能。此外，接触网的受流性能也影响电能获取。

由于经济、技术等方面的原因，接触网在牵引供电系统中是单一的、没有备用的；而作为与接触网配套的设备，受电弓在各种情况下都是围绕稳定受流的弓网系统进行设计的。

7.1.3.4 电气化铁路智能化技术

（1）智能供电调度系统

智能供电调度系统基于云计算、大数据、BIM 和人工智能技术，以数据全景可视化、调度协同化、作业自动化、决策智能化为基本要求，实现对牵引供电系统的远程监视控制、调度运行管理、辅助监控等功能，支持与其他相关系统的协调联动，进而提升牵引供电系统安全可靠。智能供电调度系统应具有横向集成、纵向贯通、协同高效和一体化全景展示的特征。

智能供电调度系统根据不同类型的信息进行分区管理，不同分区间及系统接口间应配置网络安全隔离装置并采取相应的网络安全防护措施，以保障网络安全。智能供电调度系统应与其他外部系统实现互联互通，提高综合调度组织及应急指挥的效率。智能供电调度系统应采用统一的数据字典和标准的数据通信协议，以实现数据共享和信息交互。智能供电调度系统的软件系统包括系统软件、平台软件和应用软件，所有软件应为具有开放性、高可靠性、高扩展性和高安全性的成熟产品。其网络架构如图 7.7 所示。

（2）智能牵引变电所

智能牵引变电所是采用可靠、经济、集成、节能、环保的设备与设计，以全站信息数字化、通信平台网络化、信息共享标准化、系统功能集成化、结构设计紧凑化、高压设备智能化和运行状态可视化为基本要求，能够支持牵引供电实时在线分析和控制决策，进而提高牵引供电运行可靠性及经济性的牵引变电所。

智能牵引变电所由智能高压设备、广域保护测控系统、辅助监控系统及辅助设施等设备或系统组成，其中智能高压设备由高压设备本体、集成于高压设备本体的传感器和智能组件组成；广域保护测控系统由监控主机、远动和测距管理机、保护测控装置、网络报文记录分析装置、时间同步系统及层间通信装置等设备组成；辅助监控系统由综合应用服务器、值班员终端、动环测控管理子站、巡检视频管理子站、通信网关机等设备组成，可集成牵引变电所各设备在线监测系统；辅助设施主要包括交直流系统、计量装置及采集系统、电力系统信息直采设备等。

智能牵引变电所和智能供电调度系统应具有高可靠性、运行稳定性和长期运

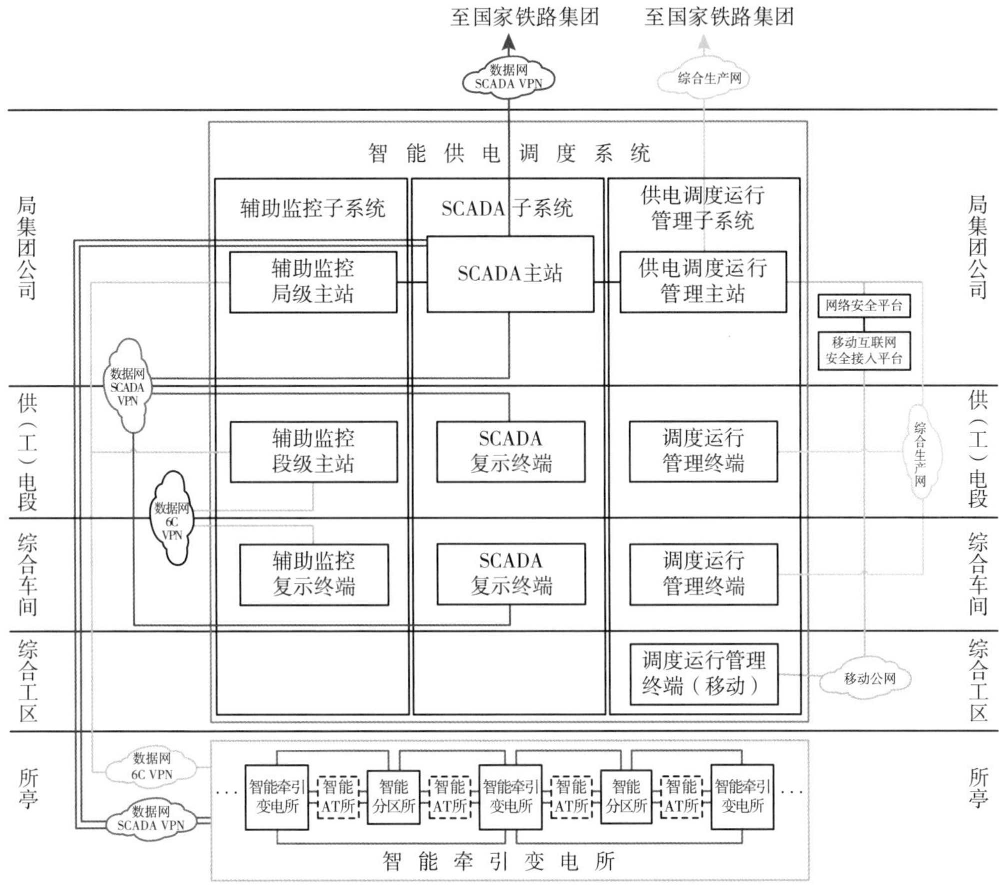

图7.7 智能牵引变电所及智能供电调度系统总体构成及网络架构图

行经济性。智能牵引变电所和智能供电调度系统的设计应符合易扩展、易维护、易升级、易改造的工业化应用要求。

7.1.3.5 检测测试技术

（1）供变电测试技术

根据供变电系统运行参数测试数据，考核列车运行工况下的供变电系统性能，验证牵引网内电流分配是否符合AT/直接供电方式要求；检验牵引网内是否存在谐振过电压，考核变电所引入电源的电能质量。通过对列车运行和接触网短路条件下钢轨电位和牵引回流等内容的测试与分析，验证综合接地系统功能和性能是否符合相关标准要求，分析接触网故障点标定装置的正确程度和短路点接触网阻抗。根据测试结果，指导供变电系统调整和优化。目前主要测试内容包括供变电系统运行参数—级接触网模拟短路参数及功能。

（2）弓网检测技术

接触网的检测检查主要有静态检测、动态检测、全面检查和非常规检查等。随着传感器技术的发展，在其他行业领域里已经涌现了诸多检测监测方法，如计算机视觉测量、高灵敏度光电探测、微弱电信号测量等。因此，结合我国高速铁路网弓自身特点与运行工况，针对在役接触网与受电弓的服役性态，充分运用各种检测监测方法实现接触网自动巡检和弓网实时监测，无疑对推动高速铁路弓网安全运行与诊断技术的进步具有重要作用。

针对高速铁路弓网检测监测对象，运用传感器、网络、计算机等技术，目前建立了统一的高速铁路弓网系统安全运行检测监测系统，简称 6C 系统。它包括高速弓网综合检测装置（1C）、接触网安全状态巡检装置（2C）、车载接触网运行状态检测装置（3C）、接触网悬挂状态检测监测装置（4C）、受电弓滑板监测装置（5C）、接触网及供电设备地面监测装置（6C）和 6C 数据处理中心，实现了对弓网系统安全运行的全方位、全视角、周期性检测和车载在线监测。

7.2 交通运输工具的智能化与网联化

7.2.1 智能汽车技术

7.2.1.1 智能汽车技术概述

汽车保有量的增加和能耗排放法规日益严格的限制给车辆节能减排提出了巨大挑战，智能网联汽车单车能效优化和“人 – 车 – 路 – 云”协同节能是实现我国碳达峰碳中和两个节点目标的两种主流方式，生态智能驾驶技术和智能化货车 / 客运列队技术是推动智能低碳汽车发展的关键技术。因此，充分利用网联化和智能化等多源信息，是提高未来交通效率和减少汽车能源消耗的有效路径。

7.2.1.2 生态智能驾驶技术

在通信技术和自动驾驶技术支持下，智能网联汽车可以通过车载感知传感器、通信模块与自动控制器等，利用车用无线通信技术（Vehicle to Everything，V2X）建立人 – 车 – 路之间的交互感知与信息共享，综合路况信息和驾驶状态，以降低车辆能耗为主要目标，基于车辆动力学特性优化控制车辆速度轨迹和动力系统，实现单车或车辆队列的协同生态驾驶，减少全程燃料和电力能量消耗，达到交通节能减排的持续性效果。

根据优化控制内容的不同，生态智能驾驶技术包括生态路由、生态轨迹控制、车辆动力系统优化等几种典型技术。

（1）生态路由

生态路由能够帮助驾驶人在出行前或旅途中根据道路状况和实时交通状态决策规划行驶路径。生态路由策略可以有效降低整个交通网络的能量消耗和排放水平，与传统的行程时间最小化路由策略相比，可节省燃油消耗 3.3% ~ 9.3%。

（2）生态轨迹控制

生态轨迹控制可以优化车辆行驶轨迹，根据周围道路交通状态协调自车加减速度，使车辆能源消耗降至最低。考虑不同的应用场景，生态轨迹控制技术主要包括信号交叉口生态驾驶、路段生态轨迹控制、匝道合流区生态协同控制等技术。

其中，信号交叉口生态驾驶是指智能网联汽车通过感知设备和 V2X 通信技术获取交叉口信号灯相位、配时和周围车辆的运动信息，以车辆燃油经济性为主要目标，在实时交通状态约束下优化控制车辆的速度轨迹和车道选择，避免车辆急加减速行为和频繁启停，减少怠速时间，降低车辆能耗。研究表明，考虑交叉口上下游车辆整体油耗建立的信号交叉口生态驾驶模型可以有效降低排放 20%~30%。路段生态轨迹控制主要从纵向速度控制、横向车道决策、换道轨迹控制等方面改善车辆的能耗经济性。匝道合流区生态协同控制是指智能网联汽车通过 V2X 通信技术采集高速公路匝道合流区域车辆位置、速度等状态信息，计算并预测主路和匝道车辆到达合流区会引发的安全冲突和干扰问题，基于此协同优化控制匝道或主路车辆驾驶行为，以避免车辆状态扰动导致的能耗浪费，保持主路段和匝道交通流稳定性，提高车辆安全性、能源效率和通行效率。

（3）车辆动力系统优化

即通过优化车辆动力系统，将动力系统状态配置于最高能效水平。对于燃油动力车，可以根据实时道路交通状态和车辆能耗特性图优化车辆发动机转速、发动机转矩、档位、变速箱速比及其他动力系统参数，从而避免发动机高转速运转，最小化热能消耗。对于油电混合动力车或混合电动车，可通过在内燃机低速效率不佳时使用电动机辅助、在正常驾驶状态下惯性驱动发电机回收部分动能给电池充电等方式，提升车辆动力系统的能耗经济性。研究表明，在保证动力性的同时采用动力系统优化控制策略的车辆百千米油耗，相较传统车辆可以降低 40% 以上。

7.2.1.3 智能化货车 / 客运列队技术

智能化货车 / 客运列队技术指利用车间通信技术，在 2 辆以上智能网联汽车间传递车辆驾驶状态信息，以车辆位置、速度、加速度、车队期望行驶目标等为系统输入，优化控制车队车辆横纵向运动状态，实现车队车辆协同组队、协同自适应巡航、协同拆队、编队换道等功能。车队车辆保持一致的速度和稳定的车头 / 间距时，可以减小车队行驶中的风阻，降低车辆能源消耗，同时提高道路交通通行能力。将智能化车辆列队技术应用于客 / 货运输，可以实现车队跟驰车辆无人驾驶，大大降低人力需求和驾驶员工作强度，降低商用车运营成本。相较于智能化货运列队，智能化客运列队技术的实际应用要求更高，目前主要停留在理念设计阶段。

（1）智能化列队技术信息拓扑结构

列队系统信息拓扑结构反映了通信信息如何在列队成员之间传递，这些信息包括车辆位置、车辆速度、车辆加速度等内容。列队系统的信息拓扑结构主要包括前车跟随、前车－头车跟随、双向跟随、双向－头车跟随、双前车跟随、双前车－头车跟随。

（2）智能化列队技术控制方法

智能化列队技术控制方法可以分为集中式控制和分布式控制。

集中式控制：在具有集中式控制结构的列队系统中，只利用单个计算单元对所有需求和通信资源进行处理，优化控制列队中所有车辆行驶。集中式控制的优点是具有更快的收敛性和较强的稳定性。然而，集中式控制策略需要更高的计算能力，并且严重依赖单个控制器性能，系统鲁棒性不强；由于单个计算单元通信范围和处理能力有限，当涉及较大型列队系统时，集中式控制通常不能很好地工作。

分布式控制：在具有分布式控制结构的列队系统中，每辆车搭载计算单元，感知并接收环境信息，结合自身车辆状态完成优化控制，并向列队中其他车辆广播信息。编队中每一辆车均具有形成编队、保持稳定巡航的能力。分布式控制结构适用于通信范围有限、编队车辆较多的情况。但相比于集中式结构，分布式控制的稳定性较低且收敛性较差。

专栏：智能化列队技术应用案例

（1）美国。美国交通部将货车列队行驶视为自动驾驶车辆在货运行业的重要早期应用。2016年9月20日，美国交通部发布了联邦自动化车辆政策，以促进技术研究、测试、应用，其中就包括了与双卡车编队相关的内容。2018年发布的联邦自动化车辆政策AV3.0版中也多处涉及编队行驶。目前，美国已有20多个州立法允许公开道路卡车编队行驶。

美国Peloton公司于2019年发布的自动列队跟驰是智能化货车列队技术的一个典型应用。自动列队跟驰是一个SAE L4级自动驾驶解决方案，连接1辆全自动跟随行驶的卡车与1辆由驾驶员控制的领头卡车，使2辆卡车列队行驶。在车－车通信技术支持下，领头卡车可以引导随行卡车进行转向、加速和制动，实现单个驾驶员驾驶两辆卡车。在实际应用中，该解决方案能适应各种路线、天气条件和交通条件，保证较小的控制延迟时间，减小卡车货运的人力成本，提高燃油经济性和运输水平。

（2）欧洲。欧洲是最早推进卡车列队跟驰技术开发的地区。欧盟于2009年启动SARTRE交通改善项目，旨在开发安全环保的公路行车列队技术，希望解决环保、安全、交通拥堵三个基本问题，同时从提升驾驶舒适度这一角度鼓励驾驶者接受这项技术。SARTRE开发了混合车辆编队行驶技术，包括2辆卡车与3辆乘用车，其中领航车为人类驾驶卡车，其他跟随车辆实行无人驾驶。该项目可实现车辆间距保持在4~25米，列队最高时速可达90千米/小时。

2017年欧盟启动ENSEMBLE项目，实现不同品牌卡车之间的安全编队，参与厂商包括6家卡车制造商。ENSEMBLE定义了PSF和PAF两种编队行驶功能的用例、规范和需求，包括通信协议等，并在测试道路和真实道路上展开测试。测试结果表明了货车列队技术的社会经济效益、可商用性，并体现出改善燃油消耗和排放的潜力。

（3）中国。我国关于卡车列队技术应用测试开始较晚。2019年国家标准《智能网联汽车自动驾驶功能测试方法及要求　第3部分　列队跟驰功能》开启了我国首次大规模商用车列队跟驰标准公开验证试验。2019年起，由上汽集团、上港集团、中国移动上海公司合作研发的“洋山港5G + L4智能重卡示范运营”项目启动，开始在上海洋山港开展自动驾驶卡车一拖四编队驾驶。行驶路线从洋山深水港物流园开始，经东海大桥到洋山码头，往返72千米，涵盖普通道路、高速公路、码头、堆场等场景。该项目2020—2021年共完成6万标箱自动驾驶转运，大大提高了集装箱转运效率和东海大桥的通行能力。2022年该项目启动社会道路“减员化”运营测试，目前已完成1500千米的连续零接管压力测试，完成“五车编队、三车真无人”智能化货车列队，预期可带来30%的成本优化和东海大桥50%通行效率的提升。

7.2.2 智能铁路技术

7.2.2.1 智能高铁的定义与内涵

智能高铁是广泛应用云计算、大数据、物联网、移动互联、人工智能、北斗导航、建筑信息模型、5G等新一代信息技术，综合高效利用资源，实现高速铁路移动装备、固定基础设施及内外部环境间信息的全面感知、泛在互联、融合处理、主动学习和科学决策，实现全生命周期一体化管理的新一代高速铁路系统[13]。

智能高铁是智能化技术与高速铁路各领域深度融合的新一代高速铁路系统，

在高速铁路所具备的传统特征基础上，智能化技术又赋予了智能高铁新的功能与特征，使其可以对铁路各系统要素进行全面实时感知，不断适应环境进行主动学习，实现各类数据的深度融合与广泛共享，通过对大量数据的挖掘、分析和推理，提出科学合理的决策支持[14]。综上所述，智能高铁具有全面感知、泛在互联、融合处理、主动学习、科学决策等特征（图 7.8）。

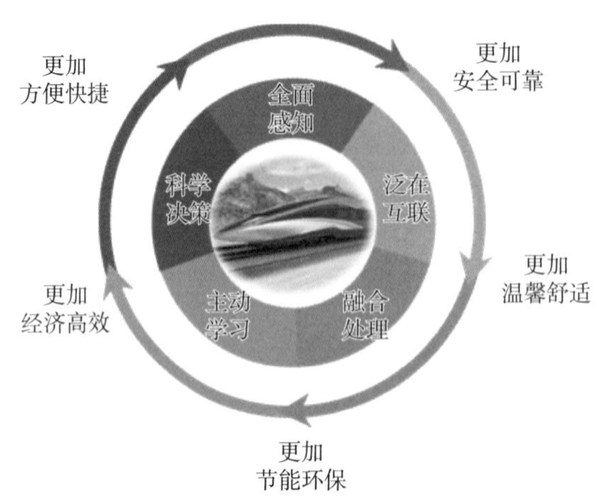

图 7.8　智能高铁特征与发展目标

全面感知：通过建设具备多维感知、广泛覆盖的传感器网络，实现高速铁路固定设施、移动装备、自然环境之间的有效通信，对路网、列车、气候、环境、旅客等各种铁路要素进行全面透彻的信息感知，为高速铁路运营管理提供信息支撑。

泛在互联：依托物联网、无线通信、传感探测等技术，实现高速铁路固定设施、移动装备等多类信息之间广泛、深度、安全的信息交互与共享，在全时空动态信息采集与融合的基础上实现路网、车站、列车、人员等对象的泛在连接，实现人－车－流－网－环的协同管理，提高高速铁路运行效率。

融合处理：充分利用不同时间、空间的多源异构数据资源，实现海量数据的高效融合与智能处理，并与其他运输方式、旅游、餐饮、商务等行业实现信息共享与融合，开展跨专业、跨行业的大数据分析，为综合决策提供科学依据。

主动学习：智能高铁具有主动适应环境和根据数据、信息动态学习演进的能力，并实时感知外部环境状态，选择最优行为策略，不断自我迭代、完善、优化和更新。

科学决策：基于大数据分析、知识推理等方法，通过对全生命周期的海量异构信息的挖掘提炼、计算分析、推理预测，形成最优的决策信息，为决策者提供更加高效、精准的运营管理和经营决策支持。

智能高铁将实现更加安全可靠、更加经济高效、更加温馨舒适、更加方便快捷、更加节能环保的发展目标。

更加安全可靠：通过对高速铁路固定设施、移动装备、运输过程及自然环境等的状态感知，实现各类风险、隐患、故障等的预测、预警，建立主动感知和超前防范机制，整体提升高速铁路运行安全保障能力。

更加经济高效：通过高速铁路运输组织的智能优化，提高运输效率；通过高速铁路设备设施全生命周期管理，实现“计划修”向“状态修”转变，降低养护维修成本；通过精益化经营管理提高高速铁路经营效益。

更加温馨舒适：动车组、车站等采用大量人性化设计，为旅客提供全方位、全过程出行服务，满足旅客多样性和个性化服务要求，提升旅客出行体验。

更加方便快捷：通过运输模式创新和业务流程再造，为旅客提供“门到门”的一站式出行服务，实现出行信息透明化、出行服务多样化、出行体验便捷化。

更加节能环保：优化动车组动力结构和列车运行控制方式，实现各环节用电在线监测、智能分析和节能控制，降低高速铁路能源消耗。优化建筑结构、设备性能，降低环境、噪声污染，促进高速铁路绿色发展和可持续发展。

7.2.2.2 智能高铁体系架构

智能高铁是一个涵盖多专业、多领域、多项新技术的复杂信息物理系统[15]，其建设不是一蹴而就的，需要在统一的体系架构指导下分阶段分步骤有序推进。智能高铁体系架构由技术体系框架、数据体系框架和标准体系框架三部分构成[16, 17]，如图 7.9 所示。

（1）智能高铁技术体系框架

智能高铁技术体系框架是智能高铁体系架构的核心，定义了智能建造、智能

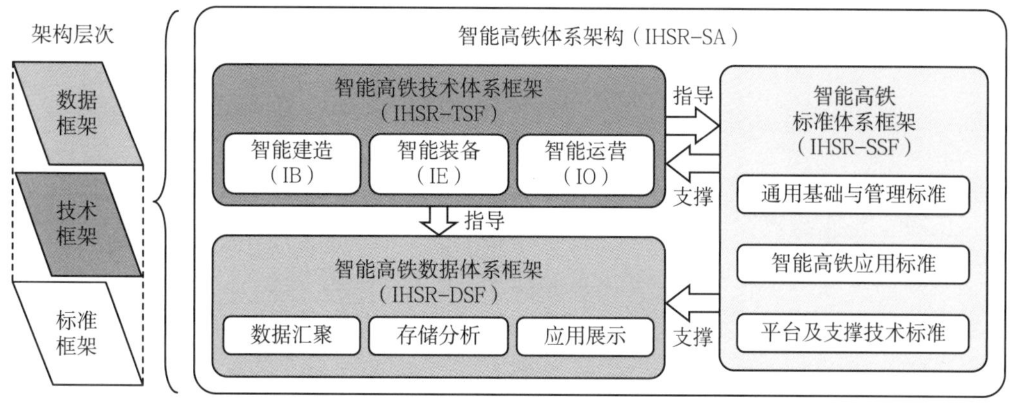

图 7.9 智能高铁体系架构

装备、智能运营等三大板块的技术构成，为数据体系框架、标准体系框架的制定提供指导。

智能高铁技术体系框架设计采用分类分层设计原则，自上而下划分为板块、领域、方向、创新、支持平台五个层面，可概括为 3 大板块、10 大领域、18 个方向、N 项创新、1 个平台[18]。详细组成如图 7.10 所示。

（2）智能高铁数据体系框架

智能高铁数据体系框架是针对技术体系框架中定义的智能建造、智能装备、智能运营等三大板块创新应用产生的数据以及其他相关的内外部数据，以数据全生命周期管理为主线，定义数据汇集、存储分析和应用展示等服务，为技术体系框架提供数据驱动，为标准体系框架提供反馈。

智能高铁数据体系架构自底向上分为数据汇集层、存储分析层和应用展示层。数据汇集层用于汇集来自智能建造、智能装备、智能运营三大板块和既有的业务信息系统数据，以及其他交通方式、气象、地震等外部相关数据，实现全业务、全类型的智能高铁数据汇集。存储分析层基于数据服务平台对数据进行标准化、规范化处理，按建造、装备、运营等不同主题建立全生命周期数据组织与存储结构，形成一套多专业融合、跨业务、跨部门共享的规范数据资源，并提供基础数据管理、数据集成、数据治理等服务。应用展示层采用“平台 + 应用”的铁路大数据应用模式，围绕工程建设、移动装备、基础设施、运输生产、运营安全、客运管理与服务、综合交通共享等领域开展大数据典型应用。具体内容如图 7.11 所示。

（3）智能高铁标准体系框架

智能高铁标准体系框架是为技术体系框架和数据体系框架的落地应用提供数据、技术、管理等方面的标准支撑，定义了通用基础与管理标准、智能高速铁路技术标准、平台及支撑技术标准等组成内容。

智能高铁标准体系框架由通用基础与管理标准、智能高速铁路技术标准、平台及支撑技术标准构成，主要包括 3 个一级类目、9 个二级类目、26 个三级类目和若干可扩展类目。具体内容如图 7.12 所示。

专栏：京张高铁示范工程

京张高速铁路（简称京张高铁）是 2022 年北京冬奥会重要交通保障设施，正线全长 174 千米，最高设计速度为 350 千米 / 时，是世界上第一条按照智能化理念进行设计的高铁。京张高铁于 2016 年 4 月 29 日开工建设，2019 年 12 月 30 日开通运营，将张家口至北京的最快运行时间由 3 小时 7 分钟压缩至 47 分钟，为冬

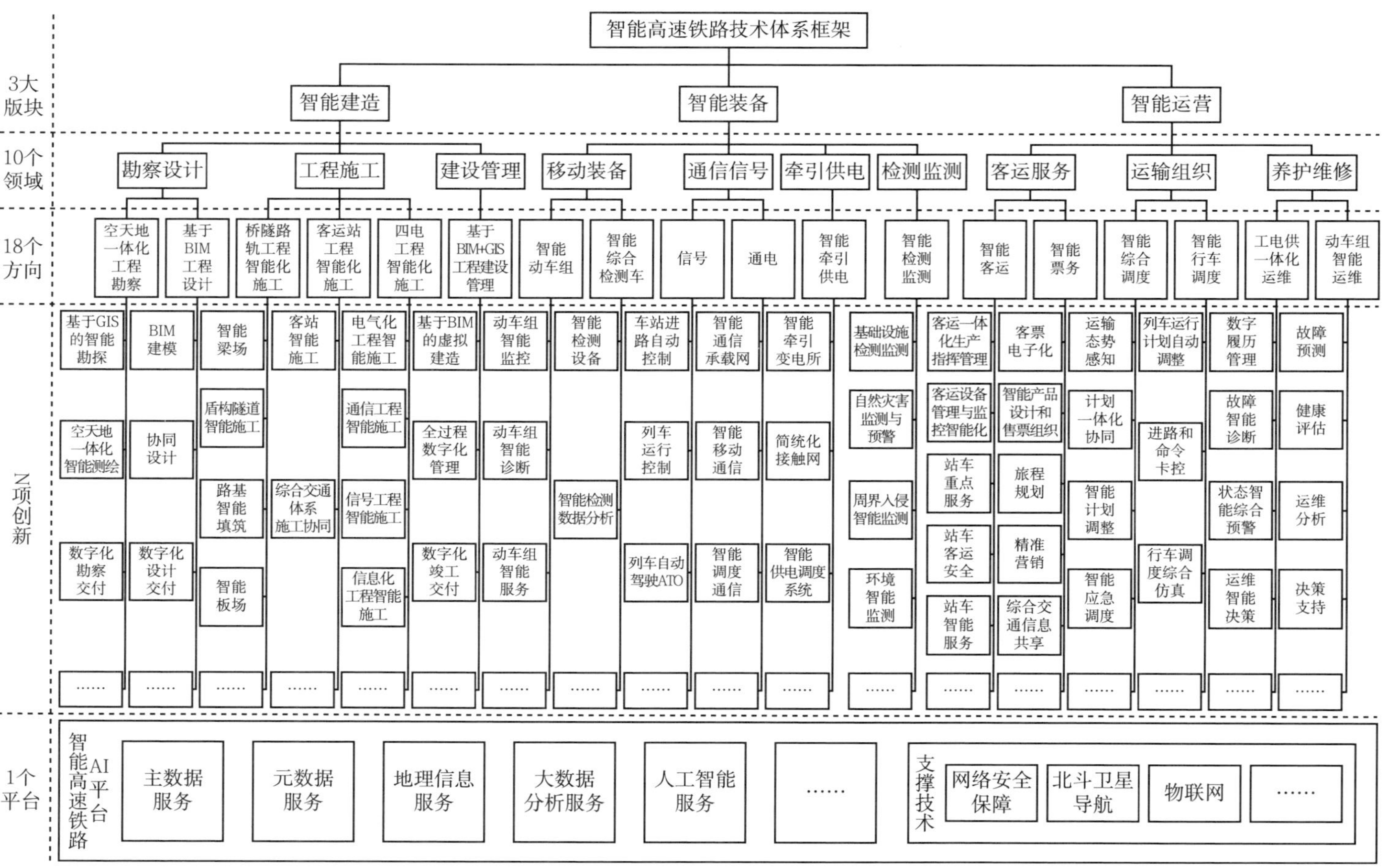

图 7.10 智能高铁技术体系框架

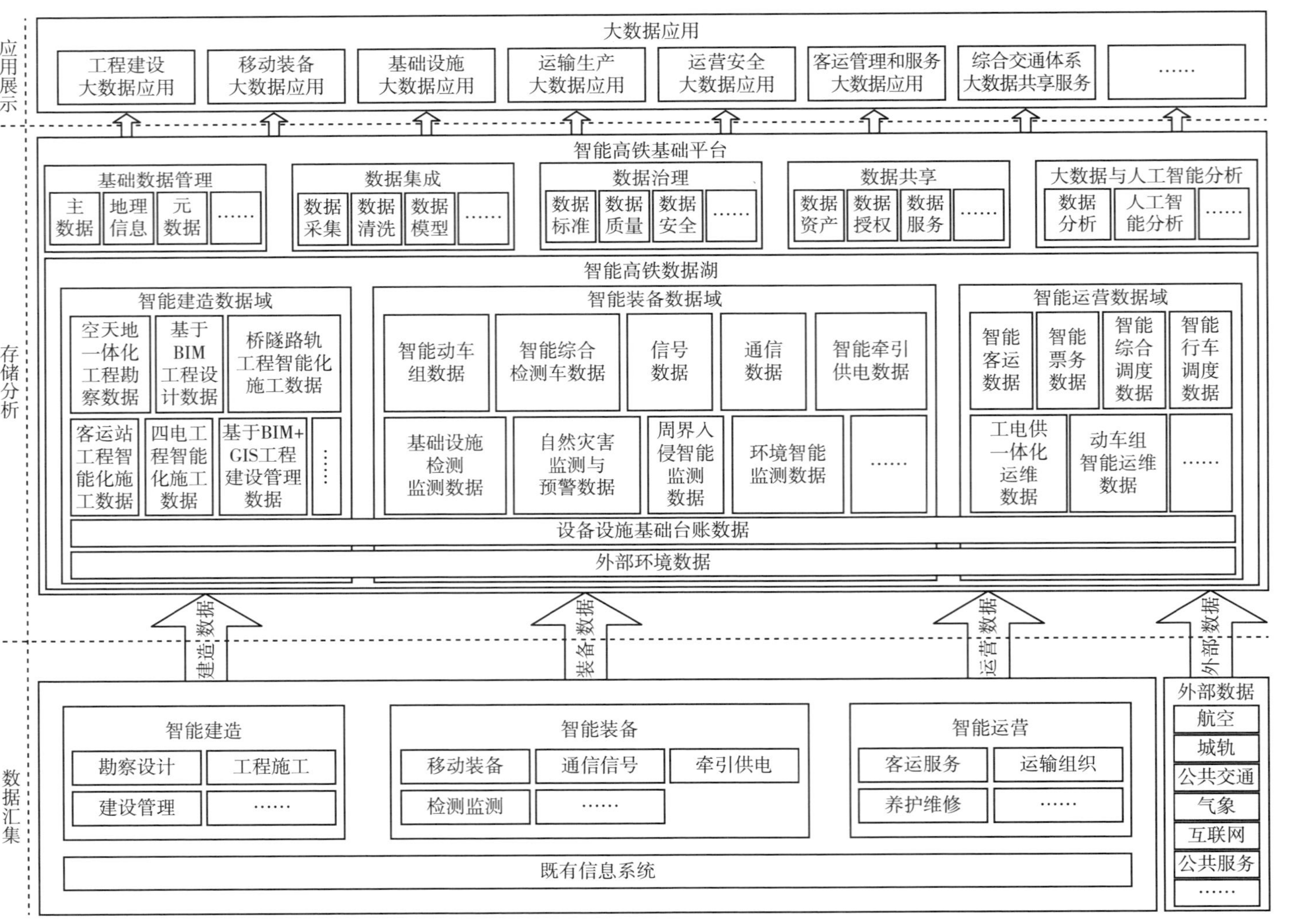

图 7.11　智能高铁数据体系框架

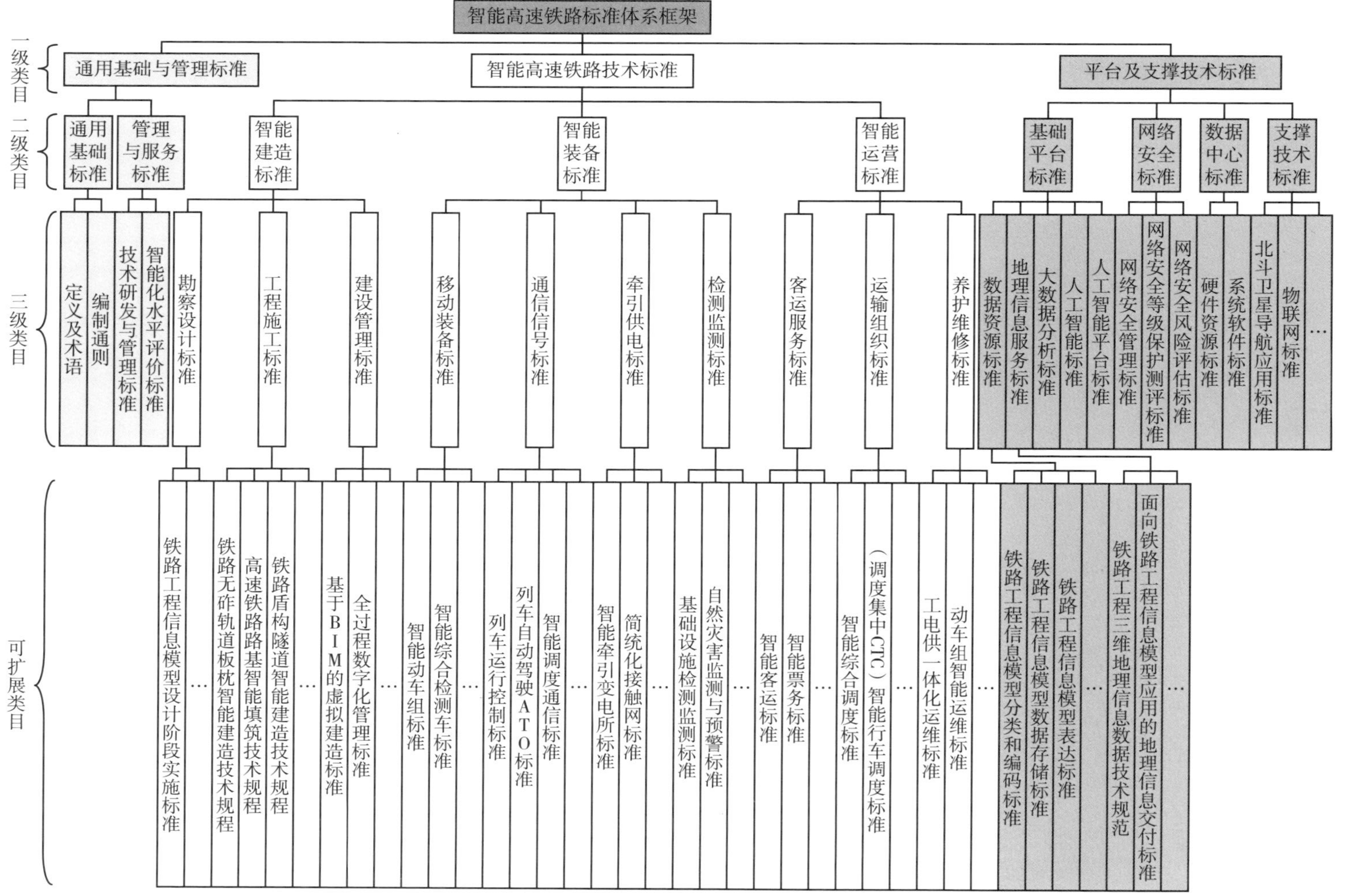

图 7.12　智能高铁标准体系框架

奥会期间两地三赛区的赛事提供了重要保障，并促进了京－津－冀一体化互联互通和经济融合[19，20]。

京张高铁穿越北京核心区、八达岭长城景区、官厅水库等地区，具有地质条件复杂、施工难度大、环境保护要求高等难点，面临冬奥会期间旅客群体多样、客流量时段集中、出行服务要求高、国际关注度高等挑战。迫切需要集成运用BIM、大数据、人工智能、北斗卫星导航、5G等新一代信息技术，对京张高铁建造、装备和运营技术进行智能化创新。

在智能建造技术方面：构造基于BIM的全专业、全线统一环境的协同设计平台，实现了多专业协同设计和数据无损传递；建成双块式轨枕场，实现了轨枕制造全工序自动化、全过程数据集成化，为数字化制造提供了支撑；突破路基、桥梁、隧道、客站等智能化施工成套技术；研发了基于BIM+GIS的高铁工程管理平台[21]。

在智能装备技术方面：研制了智能动车组系统，实现智能行车、智能运维、智能服务和安全监测[22]；首次突破350千米/时高速动车组自动驾驶，实现了车站自动发车、区间自动运行、自动停车、自动开门、车门与站台门联动等功能；建成智能牵引供电系统，实现了全所无人值守；构建了覆盖安全数据全时汇聚、风险事前预测、危情实时预警、应急处置及时联动的全链条智能安全监测与应急处置系统。

在智能运营技术方面：突破综合交通出行“一张票”技术，构建了全过程出行票务服务体系；创新智能客站系统，实现了全业务、全岗位生产要素管理、一体化生产组织、高效应急处置、全生命周期设备管理和精准安全管控等功能；研制了基于BIM+GIS融合的基础设施综合运维系统，实现了三站三隧一区段全专业精细化三维建模及工电供跨专业数据融合；建成高铁智能调度集中系统，拓展了列车运行计划自动调整、列车进路和命令安全卡控、列车自动驾驶（ATO）等关键功能[23]。

7.2.3 智能船舶技术

航运业承担着全球85%以上的货物运输任务，具有运能大、能耗低、环境友好等优势。《交通强国建设纲要》明确指出要加强新型载运工具研发，强化智能船舶、新能源船舶等自主设计建造能力。在相关政策推动下，我国智能船舶发展成效显著，在装备研发和规范构建方面取得突破性进展，正加速朝着绿色、低碳和智能转型方向发展。

在智能船舶标准和规范方面，初步构建了船舶智能制造标准框架体系，为我国转化和制定相关国际标准提供便利和参考，支撑了智能船舶相关产业发展。中国船级社于2015年和2020年发布两版《智能船舶规范》，同时对绿色动力船舶进行了等级划分。交通运输部海事局2021年年底发布了《船舶自主航行试验技术与检验暂行规则（征求意见稿）》，该暂行规则已于2022年9月完成集中审查。

在智能船舶关键技术研发方面，我国不仅具有庞大的航运、造船等产业基础和规模优势，还有很强的人工智能、大数据、云计算、物联网等多领域的科技创新能力，使我国不仅在智能船舶的关键技术上具备自主可控的研发能力、在系统集成上拥有全球领先优势，为智能船舶的发展奠定了坚实的技术支撑和体制优势，也为我国在智能航运发展上提供了从跟跑到并跑乃至领跑的历史机遇和有利条件。

7.2.3.1 智能船舶关键技术

“十四五”时期是智能船舶技术实现从跟随创新到引领创新转变的关键时期，而绿色、低碳是实现智能船舶技术创新引领的重要标志，智能船舶关键技术研究是践行国家“双碳”和绿色船舶发展战略的重要体现。智能船舶实船测试主要涉及沿海和内河两种场景，船舶智能航行包括辅助驾驶、远程驾驶、自动靠离泊和自主航行四种航行形态，船舶智能航行技术包括航行环境感知技术、航行信息集成技术、自主驾驶技术、航线智能优化技术、船舶自主避障等，智能船舶系统平台主要包括远程驾驶与监控系统平台、综合测试系统平台等。

船舶智能航行关键技术：包括智能船舶航行感知、航行自主决策与控制、远程驾驶与控制等技术。其中，智能船舶航行技术主要包括船舶智能避碰和远程驾驶技术；智能船舶航行感知主要涉及通信网络、信息存储与处理技术等。

协同与保障技术：面向船舶智能航行，主要研究智能监测、智能控制、智能评估、智能辅助决策等技术，以提升船舶动力系统智能化综合管控，提高系统可靠性。

船舶靠离泊与智能管理技术：研究船舶自动靠离泊装置与系统、船舶作业智能化管理技术、船舶姿态控制、货物状态监控技术、船舶安全状态监控技术等。

航行保障关键技术：研究针对船舶智能航行的支持保障需求与特征，研究智能航行信息服务、通信传输、网络安全和远程控制体系架构，提出船岸协同的智能航行支持保障策略和方法；突破船岸群体感知、多源异构数据同化与集成、多网多模自适应传输、网络信息安全监测与协同识别、多模态人机交互控制等关键技术，研发船舶智能航行信息岸端集成平台、船岸通信设备与系统、船舶智能航行网络安全风险实时监测系统、船舶远程驾驶与监控平台，为船舶智能航行提供安全、可靠、通用、标准的支持保障服务。

7.2.3.2 智能船舶技术应用典型案例

为落实《“十四五”交通领域科技创新规划》相关任务，交通运输部将“长江干线典型航段智能航运先导应用试点”等 18 个项目作为第一批智能交通先导应用试点项目，其中智能航运涉及 3 个典型应用案例。应用场景分别位于东部沿海和长江干线，主要开展远程辅助驾引、辅助驾驶、遥控驾驶、自动靠离泊、感知增强与信息服务等功能和实船测试，具体情况如下。

（1）长江干线典型航段智能航运先导应用试点

应用场景：在长江干线典型航段开展远程辅助驾引、感知增强与信息服务、控制河段船舶组织通行等试点应用。①在重庆—上海航线，投入不少于 2 艘散货船，累计完成远程辅助驾引不少于 30 艘次，航程不少于 70000 千米；②在九江—南京航线，投入不少于 1 艘散货船，累计完成远程辅助驾引不少于 40 艘次，航程不少于 20000 千米；③在长江上游广阳坝雾区，投入不少于 1 艘工作船舶，累计完成感知增强与信息服务不少于 200 艘次，航程不少于 5000 千米；④在长江上游铜锣峡控制河段，投入不少于 1 艘工作船舶，累计完成船舶组织通行不少于 200 艘次，航程不少于 5000 千米。

（2）沿海集装箱船智能航运先导应用试点

应用场景：在山东沿海区域开展辅助驾驶、遥控驾驶、自动靠离泊等试点应用。在青岛—董家口—日照航线，投入 1 艘集装箱运输船，累计完成辅助驾驶航程不少于 9000 海里（1 海里 =1.852 千米），航时不小于 900 小时；遥控驾驶航程不少于 1000 海里，航时不小于 150 小时；自动及遥控靠离泊不少于 100 次；集装箱运输量不少于 5 万标准箱。

（3）沿海大型散货船智能航运先导应用试点

应用场景：在山东沿海区域开展辅助驾驶、遥控驾驶、自动靠离泊等试点应用。①在黄骅 / 天津—上海、黄骅 / 天津—珠海航线，投入不少于 13 艘沿海大型散货运输船，累计完成电子瞭望、感知增强、远程诊断航行不少于 150 航次，航程不少于 10 万海里，大宗商品运输不少于 1000 万吨；②在黄骅 / 天津—扬州 / 南京航线，投入不少于 1 艘江海联运散货运输船，累计完成电子瞭望、感知增强、远程诊断航行不少于 15 航次，航程不少于 10000 海里，大宗商品运输不少于 60 万吨；③在黄骅港区，投入不少于 1 艘沿海大型散货运输船和 4 艘拖轮，累计完成拖轮智能协同进出港与靠离泊不少于 50 次。

7.2.3.3 智能船舶发展展望

船舶未来的发展方向是绿色智能化船舶，以绿色航运管理和绿色船舶改造推动节能增效。发展智能船舶是我国主导新航运规则制定、引领新航运技术发展的重大历史机遇，随着智能船舶的发展，我国的船舶、维护、监管、保障和服务等多方面都将升级换代，可以说低碳绿色智能化船舶是航运业建设交通强国的综合性抓手。

（1）智能船舶进一步提升船舶管理保障水平

自主航行船、远程控制船将会逐渐投入运营，船舶航行安全和效率将会进一步提升，船舶运输竞争力也将增强。随着智能船舶的发展，导航、通信、测绘和信息服务等航行保障技术将会发生颠覆性变革，船岸之间、船船之间以及船舶内部信息交互的能力和频度将会快速提升，现有航行保障体系将会得到重构。

（2）智能船舶推动航运管理升级

随着智能航运的发展，航运管理的对象逐渐变成智能化的机器，航运的管理体系和治理能力都将随之发生重大变革，从而推动我国航运治理的升级与现代化。

（3）智能船舶助推形成全新的航运服务模式

随着智能化与航运全链条全要素的深度融合，信息获取和共享能力将会发生天翻地覆的变化，从而推动形成全新的基于大量、真实、实时数据的航运服务模式。

总之，全球造船业和航运业正加速朝着绿色、低碳和智能转型发展，与之相配套的智能船舶技术方兴未艾。同时，在全球脱碳进程中，智能船舶和智能航运业具有关键作用，船舶智能、绿色、脱碳将会深入影响航运各要素，并将有力推动基础设施、装备设备、治理体系、开放服务等各个具体技术领域的产业升级进步。

第 8 章　推行绿色低碳出行方式

推行绿色低碳出行方式，完善绿色出行体系是智能低碳交通发展的重大战略选择。本章重点介绍了包括实施城市公共交通优先发展战略，大力发展自行车、步行等慢行交通，推广网约车、共享单车等共享交通出行模式的多层次城市交通出行系统，以及 MaaS、智能信息服务平台、智慧停车等以智慧方式赋能绿色出行，从源头上尽可能降低无效需求，促进交通运输系统减排。

8.1　构建多层次城市交通出行系统

坚持把倡导绿色交通消费理念、完善绿色出行体系作为交通运输低碳发展的重大战略选择。深入实施城市公交优先发展战略，大力发展自行车、步行等慢行交通，加快推广网约车、共享单车、汽车租赁等共享交通模式，从源头上尽可能降低无效需求，促进交通运输系统减排。

我国城市客运在 2005—2020 年呈现快速增长的趋势（图 8.1），其中私家车

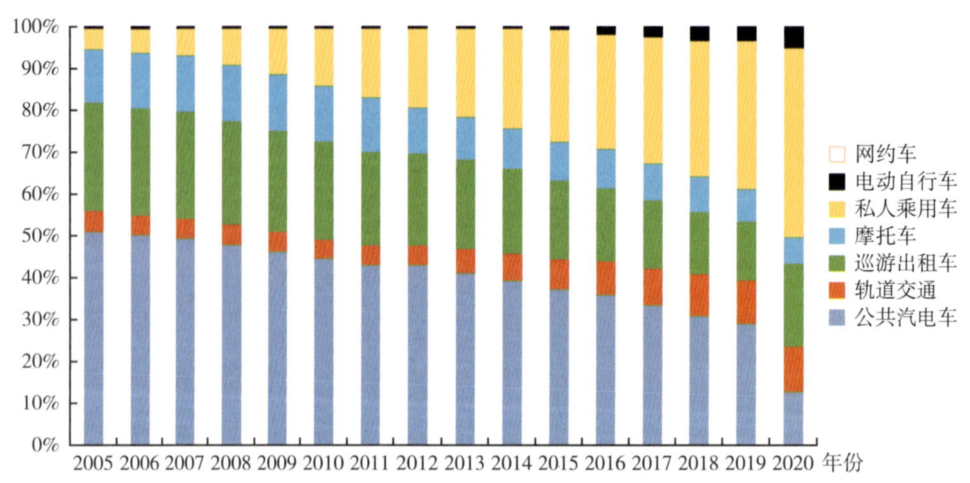

图 8.1　我国城市客运量变化情况

出行增长幅度最为可观，出行量从 2005 年的 65 亿人次快速增长到 2019 年的 845 亿人次，增长 12 倍，其占比也从 2005 年的 5% 增长到 2018 年的 41%。

现阶段城市交通的主要方式有轨道交通、公交车、出租汽车、私家车、各类共享出行方式、租赁出行、自行车等，不同方式的出行成本如图 8.2 所示。

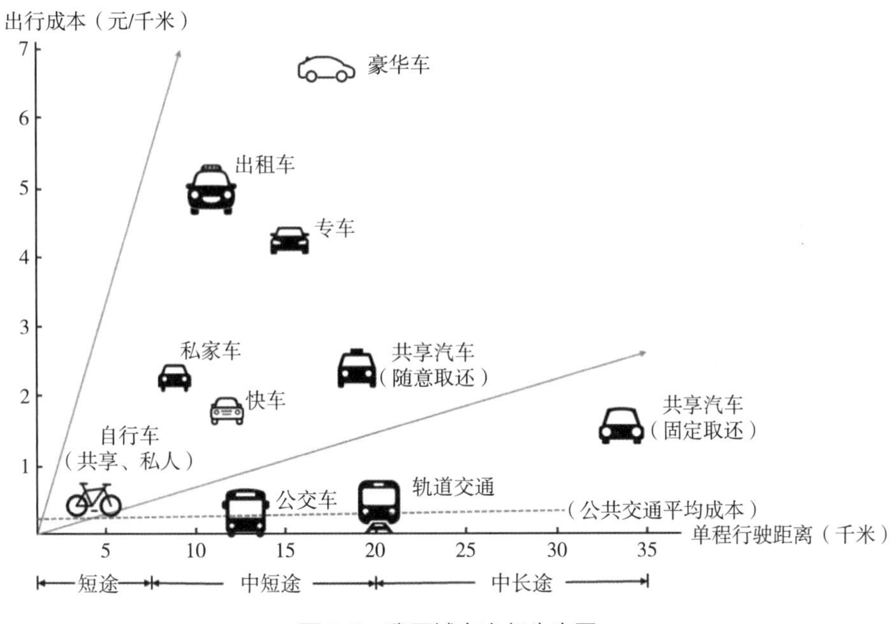

图 8.2　我国城市出行生态图

8.1.1　实施城市发展公共交通战略

8.1.1.1　以公共交通为主，慢行交通、轨道交通为辅的城市公共交通系统初步建成

一方面我国公共交通增长较快，截至 2020 年年底，公共汽电车运营总数为 70 万辆，出租汽车总数为 139 万辆，运营线路总长度为 148 万千米，公共交通客运总量为 871 亿人次[①]。另一方面我国城市轨道发展迅速，截至 2020 年年底，我国 45 个城市共开通城市轨道交通线路 149 条，运营线路长度达到 7355 千米。

城市内的交通出行主要以公共汽电车为主，但不同城市规模的公共交通分担率存在一定差别。2019 年[②]北京中心城区工作日出行总量为 3957 万人次，其中机动化出行（轨道交通、常规公交、小汽车、出租车）2454 万人次，公交分担率

① 2020 年交通运输行业发展统计公报。

② 2020 年受疫情影响，城市客运数据没有代表性，因此选用 2019 年数据。

为 55.3%，绿色出行比例达 74.1%。同时，中型城市吉林省长春市公交分担率为 46.8%，小型城市浙江省衢州市公交分担率为 24.3%。

8.1.1.2 大力发展城市公共交通和慢行交通，提升绿色出行比例

建设以“公共交通 + 自行车 / 步行”为主体的城市交通体系。实现公共交通的规划优先、用地优先、资金优先和路权优先，加快快速公交、公交专用道、轨道交通的建设以及自行车道、行人道等慢行系统的建设，发展大运量公共交通系统。打造高品质、快捷化、多样化的城市客运服务体系。结合“公交都市”创建示范工程，从补贴机制、服务水平、信息化建设等方面采取措施，落实票价优惠政策，强化智能化手段在城市公共交通管理中的应用，减少换乘与等待时间，提升出行体验。推广品质公交，进一步提高空调车辆在城市公共交通中的比例，提高无障碍城市公交车辆更新比例，提升运输装备的舒适便捷和快速程度。推出商务公交、旅游班车、定制公交等车辆类型，适应日益多样化的出行需求，使公共交通成为民众出行的优先选择，不断提高公交出行分担率。

8.1.2 大力发展慢行交通和共享交通

据不完全统计，2013—2020 年全国共享出行市场共发起融资案例 246 起，金额达 1834 亿元。其中，网络预约出租车行业吸引了超过八成的融资额，交通出行展现出多元化发展趋势。

8.1.2.1 以“网约车”为代表的共享汽车将成为城市出租主流，不断满足个性化出行需求

在城市交通中，共享化汽车是绿色发展的集中体现，是交通变革的关键。而网约车是现阶段汽车共享化的表现形式。中国共享汽车市场聚焦为三种发展模式：第一种是以滴滴（不包含专车）、Uber 为首的 C2C 发展模式；第二种是以曹操专车、首汽约车、滴滴专车为代表的 B2C 发展模式，在这类发展模式下，车企通常表现为自建车队；第三种则是以高德、美团为代表的聚合平台发展模式。网约车市场已步入市场成熟期，从覆盖区域上看，一线城市贡献了网约车平台超过 50% 的订单量；2017 年起网约车市场开始向三四线及县级城市下沉，现阶段已初具规模。随着车辆运营效率的提升和服务的精细化，2020—2025 年网约车客运量还将保持 15% 左右的增长，2030 年之后将成为城市出租的主流。

8.1.2.2 共享单车的普及让自行车回归城市，为交通节能减排带来新改变

在公共自行车方面，少数城市还将继续营运，但大多数城市将逐步退出。自 2008 年以来，我国 165 个县区市建立了传统公共自行车网络，但伴随着网络共享

自行车的出现，传统公共自行车竞争力开始下降。2018 年起，各个城市陆续停止政府主导的公共自行车项目，公共自行车陆续从大多数城市退出。

与此同时，互联网租赁自行车（共享单车）逐步成为短距离出行的主要方式。截至 2019 年 6 月，全国每天共享单车的使用量在 4000 万人次以上，用户规模达到 2.35 亿人。但考虑到城市容量有限，未来一段时期内一线城市的单车运营总量将在 100 万辆左右，主要二线城市的运营总量将在 30 万辆左右。随着城市公共交通系统发展带来接驳需求，共享单车投放量将重新小幅增长。

8.1.2.3 打造高品质慢行系统，提供安全、温馨、便捷的城市慢行交通环境

制定分类步行交通系统规划设计导则或规范，并将其纳入国家相关城市规划体系。强调城市内部因地制宜建设温馨舒适的步行、自行车系统，重视独立设置的绿道，推进慢行基础设施与城市公交系统的衔接，促进公共交通、高铁系统与电动汽车、慢行出行相结合。

8.2 智慧赋能绿色出行

8.2.1 出行即服务

8.2.1.1 出行即服务的产生与定义

“出行即服务”（Mobility as a Service，MaaS）这一概念最早产生于 2012—2013 年，源于在瑞典哥德堡进行的一场交通出行实验。随着这一概念的问世，少数国家开始对 MaaS 进行研究，并在 2014 年芬兰赫尔辛基欧洲智能交通系统大会上正式提出 MaaS 这一概念。至此，MaaS 在全球范围内受到广泛关注。

作为一个尚未有成熟形态落地的新生概念，MaaS 在其发展过程中被多次解释和描述，尚未有统一的严格定义。其中，MaaS 联盟定义 MaaS 为各种形式的交通服务整合为一个按需访问的出行服务；MaaS Global 将其定义为将各种交通方式整合到一个直观的移动应用中，它将不同供应商提供的交通方式无缝整合起来，处理从出行规划到支付的一切事宜，无论您是喜欢按需购买出行服务还是订购经济实惠的月度套餐，MaaS 都能以最智能的方式管理您的出行需求；伦敦大学学院 MaaS 实验室认为 MaaS 是一个以用户为中心的智能出行管理和分派系统，其中的集成商（供应商）将多个出行服务供应商的服务整合在一起，通过数字界面为最终用户提供访问这些服务的机会，从而使出行者能够无缝地规划出行和支付费用。

尽管当下交通领域对 MaaS 的定义尚未统一，但从各方给出的描述来看，对于 MaaS 的定义有比较强的共性认知：① MaaS 是交通方式的高效整合；② MaaS

需要以一个平台作为用户访问的载体；③ MaaS 提供的是智能解决方案，覆盖了从规划到支付的全部出行节点；④ MaaS 的建设需要多方参与的组织间合作；⑤ MaaS 提供的服务是个性化、定制化需求的产物。

8.2.1.2 MaaS 在国内外的发展

自从 MaaS 概念有了初步的雏形，MaaS 在全球范围内受到了广泛的关注，许多城市、交通行业组织和企业都开始了 MaaS 的研究与试点项目应用。从时间上来看，最早提出 MaaS 概念雏形的是瑞典哥德堡 UbiGo 项目，为期 6 个；2015 年 MaaS 联盟正式成立，由欧洲智能交通系统相关单位组成，面向欧洲开始研究和普及 MaaS。2016—2017 年第一个具有集成能力的 MaaS 系统出现，即在芬兰赫尔辛基落地的 Whim 产品；经过几年的尝试，2019 年众多巨头开始进入 MaaS 领域，包括研究成果、白皮书、投资等内容开始出现。

在我国，2019 年 9 月中共中央、国务院印发的《交通强国建设纲要》中明确要求“大力发展共享交通，打造基于移动智能中端技术的服务系统，实现出行即服务”。2019 年 7 月交通运输部发布《数字交通发展规划纲要》，其中明确提出“倡导‘出行即服务（MaaS）’理念，以数据衔接出行需求与服务资源，使出行成为一种按需获取的即时服务，让出行更简单”。2019 年 12 月交通运输部发布《推进综合交通运输大数据发展行动纲要（2020—2025）》，提出“鼓励各类市场主体培育‘出行即服务（MaaS）’新模式，以数据衔接出行需求与服务资源”。在此背景下，各地方积极响应并启动 MaaS 体系建设，其中包括北京交通绿色出行一体化服务平台（MaaS 平台）、上海绿色出行一体化平台“随申行”App 等。

专栏：北京 MaaS 典型案例

2019 年北京市交通委员会与高德地图通过政企合作的形式，在北京市落地建设了国内首个绿色出行一体化服务平台应用试点。北京 MaaS 围绕绿色、一体化两大核心理念，向市民提供覆盖出行全方式、衔接出行全流程、精准实时的一站式出行服务，实现一个 App 解决多场景出行问题。同时，北京 MaaS 创新引领低碳出行，激励市民主动选择步行、骑行、公交、地铁等绿色出行方式，服务首都加速构建安全、便捷、高效、绿色、经济的综合智慧交通服务体系。

截至 2022 年，北京 MaaS 平台用户超 3000 万人，日均服务绿色出行 600 余万人次，参与绿色出行碳普惠人数突破 200 万人，绿色出行碳普惠减排量 20 万余吨。同时，北京绿色出行碳普惠减排量已完成 2 次碳市场交易，一方面全部交易所得反馈至绿色出行群体，构建绿色激励闭环；另一方面北京 MaaS 平台充分发挥碳市场的调节机制，通过绿色出行碳普惠减排量助力北京控排企业完成配额履约。

8.2.2 智能信息服务平台

在 MaaS 体系之下，智能信息服务平台所承担的主要工作是为出行者提供基于全部出行方式的、精准的、实时的出行信息服务。MaaS 的本质在于通过一体化的服务能力为出行者提供智能化、精细化的出行决策，从而引导公众选择更加适应当前城市交通情况、自身出行偏好的出行方式，以调节城市总体出行结构和道路交通压力。因此，在 MaaS 体系中，智能信息服务平台扮演了非常重要的角色。

智能信息服务平台的根本基础是交通数据基础建设，在此基础之上的是对大数据的深化开发形成的各类服务和应用。

8.2.2.1 数据基础建设

智能信息服务平台的建立应以城市交通大数据的深化应用为基础。对于 MaaS 建设来说，跨部门的数据共享是实现 MaaS 的根本。结合政府的角色来看，政府可以作为跨部门协调、归集数据的“经纪人”，一方面构建数据保护及质量要求标准，另一方面推动数据开放。MaaS 的良好运行需要有综合的数据集成进行支持，主要涉及以下几类（表 8.1）。

表 8.1 MaaS 所需数据集成分类

出行服务	公交	时刻表、路线、站点、实时车辆位置、车内状态信息、价格及其他数据
	轨道	时刻表、路线、站点、实时车辆位置、车内状态信息、价格及其他数据
	网约车	车辆信息、价格信息、实时位置、预订信息等
	共享单车	站点位置、可租车辆数、可还车辆数等
票务数据		刷卡、扫码乘车数据、在线预订数据等
基础设施	停车	停车场位置、容量、剩余车位数、价格等
	充电桩	位置、剩余充电桩数量、适配车型、价格等
路网数据		道路名称、平均速度、拥堵状况、公路事件等

8.2.2.2 立足于出行者的信息服务

智能信息服务平台与传统服务的本质区别在于：传统服务回答的是“怎么去”的问题，它用孤立的信息为公众提供基础便利，包括路线、站点、票务信息等。其根本逻辑在于公众在没有更多信息获取的情况下，基于自身的经验或偏好已经自主决策了出行方式；智能信息服务平台回答的是“该怎么去”的问题，区别在于出行只知道目的地，并希望智能信息服务平台来推荐出行方式。

为公众提供智能化出行服务的核心在于“整合”和“输出服务”两个动作。整合是指对交通方式以及各部门 / 组织主导的交通方式信息数据的整合。这些交通方式和信息数据被高度整合之后，需要转变为公众出行者能够简易理解和使用的服务，帮助其获得智能化的出行体验。

首先，是对交通方式的整合。与现有的出行服务系统相比，MaaS 是对城市或区域内的全部交通方式的整合，既包括传统的公共交通方式（公交、地铁、轻轨、电车、轮渡、出租车等），也包括一些近年来兴起的出行方式（共享自行车、网约车、合乘、共享汽车等）。特别是在区域层面，MaaS 应当具备城际出行方式整合的能力。交通方式的整合是 MaaS 基于全部出行方式及其运行情况信息数据，为出行者提供一体化联程出行规划的基础。

其次，对于使用 MaaS 的出行者来说，作为终端用户，出行者应该拥有尽可能多的出行选择。同时，每一个出行的选择或规划都应该是结合出行者偏好给出的最优方案。建议的出行方案应该尽可能用最少的交互步骤来激活服务，确保收集到的信息 / 数据是最新和准确的，并能够保障用户的信息隐私安全。

再次，出行是一个动态过程，用户在出行的过程中会因为线下路线引导、车辆进展时间不准确或其他服务提示不到位，面临多种出行中的障碍或焦虑。因此，在出行过程中，出行者希望能够得到一个全程陪伴的“智能出行管家”，帮助出行者在出行过程中解决可能遇到的各类问题，并保证其得到的信息 / 数据是实时动态的。

最后，MaaS 作为一体化出行的先进模式，其一体化能力也是至关重要的。“可以用一个信息平台（App）解决全部问题”是 MaaS 发展的终极形态。减少出行特别是公共出行过程中需要不断切换不同信息平台（App）的步骤，能够显著提升出行便利度。

8.2.2.3 交通数据赋能线下服务升级

基于移动互联能力以及海量数据的处理和分析能力，智能信息服务平台在出行者与城市交通管理者之间架起了桥梁。城市交通管理者根据出行者的行为特征，能够相对准确地掌握城市总体出行动态，并结合交通运行情况对其未来发展趋势做出预测。

专栏：典型案例——高德地图城市交通“评诊治”智能决策 SaaS 系统

高德地图城市交通“评诊治”智能决策 SaaS 系统（简称“评诊治系统”），是我国近 10 年在智能交通领域基于移动互联网、大数据和人工智能取得的一个代表性成果。

我国的交通系统是全球规模最大、结构最复杂、参与者数量最多、个体行为显著差异、大型活动与事件高频的复杂巨系统，高德地图深耕于此，整合了高德地图的动态数据和一些静态数据，并将其转化为有价值的知识，从而形成高德地图城市交通“评诊治系统”，服务于城市交通综合治理。

交通大数据把脉：解决通勤出行痛点

通勤作为居民日常出行最主要的场景之一，高峰时段的通行效率是影响城市交通运行健康状况和居民出行舒适度的关键因素。通过“评诊治系统”扫描，可自动发现易拥堵的通勤路段和拥堵关键节点，结合对该路段公共交通的整体分析，可整体输出缓堵方案，包括通勤出行特征分析、拥堵节点红绿灯评价及优化建议、定制公交和微循环巴士开设方案等。

高效动态管控：缓解匝道入口拥堵

高架道路和城市快速路的出入口是高峰出行的常见堵点。“评诊治系统”能够快速识别此类场景的瓶颈点和诊断拥堵成因，有针对性地给出治理方案，包括匝道入口红绿灯配时优化、潮汐可变车道设置、车辆智慧调度方案等。

总体来看，高德交通“评诊治系统”打破了以往对城市交通运行评价指标单一、评价与治理脱节无体系的困局，充分挖掘交通大数据价值，将多元数据融会贯通，实现了针对城市交通拥堵“发现病灶、找准病因、对症下药、效果评价”的一体化、自动化和闭环化，可为城市交通管理者提供全方位的量化参考依据及建议优化措施，助力城市交管部门精准高效治理交通拥堵问题。

8.2.3 智慧停车

交通拥堵是目前城市发展的顽疾。相关调研显示，多数道路拥堵发生在车主寻找停车位时。长时间寻找停车位引起的巡游交通，不但浪费车主的时间，也耗费燃料资源，同时还增加了不必要的碳足迹。因此，如何让车主快速找到停车位已成为缓解交通拥堵的重要手段，也是节能减排的有效路径之一。

为解决“停车难”这一问题，国家从政策方面给出了相关导向，那就是向技术要生产力，基于智能化建设寻求智慧停车解决方案。自 2015 年以来，中国智慧停车政策相继落地，为行业提供了强有力的政策支持。2015 年 8 月 3 日国家发改委公布了《关于加强城市停车设施建设的指导意见》，指出在智能化停车建设方面，大力推动智慧停车系统、自动识别车牌等高新技术的应用，积极引导车位自动查询、电子自动收费通行等新型管理形态的发展，提高停车资源的使用效率。2021 年国务院转发四部委《关于推动城市停车设施发展的意见》，提出全国智慧停车向统筹城市路内停车、路外停车的路内外一体化、基于“互联网 +”服务的线上线下一体化以及整合停车和新能源充电的停充一体化发展，全国大中小城市2025年基本建成、2035年全面建成布局合理、供给充足、智能高效、便捷可及的城市停车系统。

8.2.3.1 智慧停车方案

在国家政策的大力支持与激励下，一时间市场上涌出了各种“智慧”停车方案，其中不乏电子不停车收费、地磁、视频桩、高位视频、北斗等多技术并存的解决方案。其中，上海市道路运输管理局《上海市智慧停车场（库）建设技术导则（试行）》按照智慧化程度，将停车方案由低到高划分为G1、G2、G3三个智慧等级。

（1）智慧公共停车场（库）

公共停车场（库）智慧停车系统按照智慧化程度由低到高划分为G1、G2、G3三个智慧等级，并应符合以下要求（表8.2）。

表8.2　智慧公共停车场（库）等级

建设类别	建设内容	GI	G2	G3
智慧设施	收费系统道闸	●	●	●
	停车场（库）专用电子地图	●	●	●
	停车信息采集发布设备	●	●	●
	泊位智能管控设备	●	●	●
	停车场（库）定位基站	●	●	●
	停车场（库）路侧单元			●
	停车场（库）全息感知系统			●
智慧应用	错峰共享	●	●	●
	停车预约	●	●	●
	统一支付	●	●	●
	电子发票	●	●	●
	寻车步行导航	●	●	●
	空泊位车行导航		●	●
	自主泊车			●
	自主接驾			●

G1 级：适应基于人行导航的停车场（库）智慧停车系统建设，应具备停车场（库）专用电子地图、空余泊位感知发布功能、行人定位功能，为停车人提供寻车步行导航（反向寻车）、停车预约、错峰共享、统一支付等初级智慧停车服务；

G2 级：适应基于行车导航的停车场（库）智慧停车系统建设，应具备停车场（库）专用电子地图、空余泊位感知发布功能、行人定位、行车定位等功能，提供空余泊位车行导航、寻车步行导航、精准泊位预约、错峰共享、统一支付等中级智慧停车服务。

G3 级：适应于自动驾驶的停车场（库）智慧停车系统建设（基于 V2X 车路协同），在 G2 基础上通过加装场端感知系统和路侧通信单元，实现智能泊车与车场协同等技术深度融合，支持自动驾驶落地，成为未来出行服务的一部分。

（2）智慧道路停车场

道路停车场智慧停车系统按智慧化程度由低到高划分为 G1、G2、G3 三个等级，并应符合以下要求（表 8.3）。

表 8.3 智慧道路停车场等级

功能类别	分级要素	G1	G2	G3
停车收费功能	道路停车费统一计费	●	●	●
	道路停车费扫码支付	●	●	●
	道路停车费线上支付	●	●	●
停车视频监控功能（高位）	停车视频监控		●	●
	停车视频存储		●	●
	停车录像取证		●	●
停车状态检测功能	车辆入位、离位状态检测	●	●	●
	车辆全过程状态检测		●	●
信息采集功能	停车入位、离位自动采集	●	●	●
	停车入位、离位自动计时	●	●	●
信息识别功能	车牌号码自动颜色识别		●	●
	车辆类型自动识别		●	●
	车辆外观属性自动识别		●	●
	异常停车自动识别		●	●
	违法停车自动识别		●	●
智慧应用	空车位查询	●	●	●
	智能调度			●

G1 级：通过道路停车场智能地磁设备，在车辆进、离泊位过程中能自动采集进场、离场时间，与道路停车场管理者手持智能终端联动，实现车辆信息（车牌、车型）采集、道路停车费统一计费、线上支付、扫码支付、全市通还、征信管理等智慧化收费管理功能。

G2 级：通过道路停车场路侧高位视频监控设备，在车辆进、离泊位过程中能自动采集进场、离场时间以及车辆信息（车牌、车型），自动实现道路停车费统一计费、线上支付、扫码支付、全市通还、征信管理等智慧化收费管理功能，无须道路停车场管理者人工值守。

G3 级：在 G2 级功能基础上统筹区域道路内、外各类停车资源，实现科学分配和智能调度。

从 G1、G2、G3 三个智慧等级划分可判断，对智慧停车的要求不仅仅是解决停车识别、停车计费、电子支付等简单的停车管理功能，其作为智能交通、智慧城市的子系统，还要从全产业链及系统生态角度出发，更多聚焦城市路内、路外停车一体化、“互联网 +” 服务的线上线下一体化以及智能泊车与车场协同等技术深度融合，支持自动驾驶落地，实现交通管理的智能化，甚至为提高现代城市治理能力提供支持，成为未来出行服务的一部分。这也意味着智能停车行业的参与者既需要有成熟的技术支撑，也需要有整合智能交通生态资源的能力。

8.2.3.2 智慧停车解决方案

（1）高位视频停车解决方案成为主流选择

高位视频智慧停车系统利用安装在路边的摄像机和视频分析算法来探测周围的车位是否被占用，所有的泊位信息都与中央管理系统相连，并根据交通流量智能优化每个区域不同时段的停车价格。驾驶人可以通过手机快速找到空车位，而且在车辆停放后，完全不需要任何操作即可放心离开，视频分析算法将自动识别车辆特征和车牌号码并记录停车时间，车辆离开后可以准确地识别车辆离位，并将收费结算信息通知给司机，司机在手机上支付停车费。

通过高位视频技术可对道路停车实现分时停车、差别化管理，例如对于闲时的道路停车位或私人共享车位进行共享停车，结合早晚高峰易堵时段和区域，通过差别化收费手段进行分时停车管理，减缓道路拥堵及停车压力。同时系统可实现“僵尸车”等违法停车、不文明停车的自动取证，支持违法停车行为上传至公安交通管理平台，配合交通管理部门快速高效解决此类问题，从而保障了道路的畅通有序。

（2）路内外一体化建设与运营管理成效显著

2017 年之前，很多城市在解决停车难时往往是局部的、项目式的，不仅承建商之间彼此割裂，连功能之间都难以打通。2018年之后，越来越多的城市决策者开始用整体思维、城市思维把区域内的路侧停车位（路内车位）和封闭停车场（路外车位）当作一个整体对象来看待，统一规划解决停车问题。

城市智慧停车统一运营管理平台（图8.3）对城市的路内车位、路外停车场、立体停车楼进行统一管理，并可对停车收费订单、收费金额、用户缴费率、周转率、日占率等信息和数据进行分析、运营和管理，实现全市停车数据一张图。

图8.3　城市智慧停车统一运营管理平台

城市停车大数据分析平台结合实时区域停车数据，帮助城市管理人员直观看到不同区域、不同时段的停车难易指数、停车位需求量、停车位缺口等内容，辅助管理部门分析停车“哪里难”“有多难”等问题，并为道路、停车场等交通规划和交通组织优化等工作提供停车监管、停车高峰预警、停车需求热度、停车场选址等管理工具，综合分析展现全域静态交通情况。

（3）地图车位级导航

一是可以通过地图停车导航找到停车场。停车场作为汽车出行的起终点，可以通过影响驾驶路径的选择来实现缓堵减排。一方面车主通过地图实时获取出行目的地附近的停车场信息，实现车场查询、车位预订和路线导航等停车服务，让出行/停车更便捷；另一方面在导航的行前、行中向空闲车场导流，还有助于提高信息撮合的效率，在入场前智能分流，引导车主前往最佳车场。同时价格透明、流程规范、支付便捷，让停车消费更舒心。

二是可以通过地图室内外一体化车位级导航找到停车位。室内外一体化车位级导航可在车主入场前自动分配停车场中最适合车主需求的空闲停车位，在停车导航过程中实现车与位更高效的匹配。室内外一体化车位级导航还能在室内GPS定位信号不好的复杂环境下，实现正找位、反寻车的流程闭环——车主进场时，可以无缝切换室内导航，并精准导航到空闲车位；车主离场时，可以一键发起反向寻车，解决在地下车库找不到车的烦恼。经过测算，在大型封闭停车场中，晚高峰期间通过室内外一体化车位级导航可减少约5%的碳排放。

（4）自主泊车推动“最后一公里自由”时代到来

通过自主泊车和自主接驾，车辆可以自己去找停车位，也可以自己驶出停车场，将彻底解决停车“最后一公里”的导航问题。车主普遍愿意使用代客泊车服务，减少停车浪费的时间，然而由于人工成本和安全问题，很少有代客泊车服务。而自主泊车很好地解决了这一需求。通过在车库提前部署传感器、在车位提前安装倒车摄像头，或在车身上配置“摄像头＋超声波雷达”等不同的技术路线，系统能在无人驾驶状态下对车辆做出准确的引导和管理。未来，随着自主泊车与路内外一体化智慧停车系统之间连接及响应的水平不断提升，用户将享受到更加轻松的停车体验，停车场的车位运营管理会更加高效。

专栏：株洲市智慧停车统一管理运营平台

湖南株洲正在以最快的速度落地这套解决方案，其中道路泊位改造采用高位视频技术，实现停车泊位24小时可视化实时监控，不仅支持全自动停车计时计费、全自动停车取证、不规范停车识别预警、车位级停车导航，更能覆盖监控停车泊位外一定范围，协助交通治理。监控范围内发生的违停、交通事故、停车引起的刮擦、车辆被敲窗盗抢等车损案件，可以实时监控并高清取证，形成完整的证据链。同时，依托城市级智慧停车管理平台，完成了株洲101个城区社会停车场的接入，实现道路临时停车泊位和路外停车设施统一管理，形成全市停车“一张图、一张网”。该平台可与“雪亮工程”联网，成为安全防控“天网”的延伸，成为株洲市视频联网共享平台闭环的有力补充。

8.2.3.3 结语

本章谈到，我国智慧停车已经从一个相对独立的行业逐步与智能交通、智慧城市融合。因此，推进智慧停车的价值就不仅在于帮开车的人寻找车位，更在于支撑交通系统效率提升乃至城市治理体系的构建。未来，希望通过推广智慧停车、自主泊车等技术，寻求智能交通体系全链条减碳最优解，用AI助力低碳出行。

第 9 章　我国智能低碳交通发展的政策措施

为保障我国智能低碳交通发展目标与重点落到实处、顺利实现，需要有切实管用的配套政策措施。本章主要从战略协同、组织领导、激励政策、创新机制、碳排放监测体系建设、人才保障、合作交流等方面提出保障措施和政策建议。

9.1　加强组织领导与战略协同

一是加强统筹领导，强化战略协同。充分发挥国家应对气候变化及节能减排工作领导小组的统筹领导和组织协调作用，加强发展改革、交通运输、生态环境、自然资源、科技、工信、外交等有关部门的沟通，积极探索部门联动机制，协同推进智能低碳交通有关工作。与交通强国建设、“一带一路”建设等国家重大战略主动对接，统筹推进美丽中国、健康中国与法治中国建设，实现战略协同。

二是在绿色低碳层面，强化协同减排。统筹协调推进绿色、循环、低碳发展的有机统一，注重推动绿色革命与低碳转型、智能经济与数字经济、科技革命与能源革命的同频共振，切实强化二氧化碳减排与大气污染减排之间的协同效应，逐步实现空气污染驱动型发展模式向气候治理推动型、低碳引领型发展模式转变。

三是在交通行业层面，强化协同发力。统筹推进综合交通、智慧交通、绿色交通、平安交通“四个交通”建设的协调发展，注重强化“安全、便捷、高效、绿色、经济”现代化交通体系中五大价值取向之间的协同发力、均衡发展，合力推进电动化、智能化、共享化的相互促进、融合发展。

9.2 健全战略法规与标准体系

加快推进综合交通运输体系与规划建设，注重低碳发展的顶层设计，加快研究制定低碳交通与综合交通和智慧交通有机结合、相互促进的中国绿色交通中长期发展规划。健全低碳交通制度标准，推进低碳交通标准化建设，加快低碳交通标准体系制修订的落实，着力推进低碳交通建设地方标准编制工作，建立低碳交通生产、消费的法律制度和政策导向。加快完善低碳交通监督管理体系，健全低碳交通管理体制机制，完善低碳交通统计及考核评价体系，建立低碳交通考核评价指标体系，鼓励重点省份或区域先行开展低碳交通考核评价试点。

9.3 完善经济激励政策和机制

一是积极推进交通运输领域碳交易、绿色金融等市场机制应用，加快制定交通运输行业参与碳交易的技术路线，明确交通运输行业参与碳交易主体范围、时间节点、准入退出门槛等；积极研究并制定适用于我国交通运输行业的碳配额分配方法。

二是积极完善低碳交通发展经济激励政策。加强低碳交通财税等政策研究与储备，研究完善促进低碳交通发展的财税、金融、土地、贸易、保险、投资、价格、科技创新等激励政策；加大低碳交通运输资金投入力度，鼓励地方政府研究建立符合地方实际的经费投入鼓励政策和机制。

9.4 提升创新能力　完善创新机制

一是加快提升低碳交通技术研发能力，推进成果转化与推广。重点围绕基础设施、载运工具、运输组织等方面的科技攻关，协同推进先进轨道、大气和水污染防治、水资源高效开发利用等重点专项及高科技船舶科研项目的实施。积极推进绿色交通科技成果市场化、产业化，大力推进绿色低碳循环交通技术、产品、工艺的标准、计量检测、认证体系建设。

二是加快完善低碳交通科技创新机制。建立以政府为引导、企业为主体、社会和中介机构积极参与的绿色交通科技投入机制，建立以企业为主体、产学研用深度融合的低碳交通技术创新机制，建立低碳交通关键技术与产品推广应用的信息沟通和共享平台、鼓励性政策和管理机制，建设一批具有国际影响力的低碳交通实验室、行业研发中心、试验基地、技术创新中心等创新平台。

三是大力发展智慧交通。推动大数据、互联网、人工智能、区块链、超级计算等新技术与交通行业深度融合。推进数据资源赋能交通发展，加速交通基础设施网、运输服务网、能源网与信息网络融合发展，构建综合交通大数据中心体系，大力推进北斗卫星导航系统在交通运输领域的应用。

9.5　推进碳排放监测体系建设

积极推进交通碳排放监测体系建设，继续完善交通运输能耗统计监测制度，稳步推进铁路、民航、公路客货运、城市客运、沿海和内河船舶、港口等能耗在线监测工作及数据库平台建设，加强交通运输碳排放统计核算平台和监测网络建设，建立标准统一的行业能耗及碳排放统计数据库。积极建立完善交通运输低碳发展指标体系、考核办法、奖惩机制。

9.6　强化人才队伍建设与培养

一是加强低碳交通人才发展的顶层设计与队伍建设。紧紧围绕《交通强国建设纲要》，把低碳交通人才队伍建设作为交通运输“十四五”绿色发展、人才发展等规划制定的重要内容，以能力建设为核心，加快培养造就数量充足、素质优良、具有国际视野的低碳交通专业技术人才和管理人才队伍；以创新能力建设为核心，以“高精尖缺”为重点，培养造就一批高水平的低碳交通科技创新人才和创新团队。

二是加强智能低碳交通国际化人才培养。制定国际化人才定向培养计划，建立国际交通组织后备人才库，选拔推荐政治过硬、业务能力强、综合素质高、外语基础好的低碳交通专门人才入库；组织开展专业化培训，培养造就一批具有国际视野的低碳交通人才；选派优秀智库人才到有关交通国际组织任职，扩大中国在国际交通事务中的话语权和影响力。

9.7　深入开展技术合作与交流

一是加强国内低碳交通合作交流。积极打造政产学研用一体化的低碳交通技术、产业或智库联盟，构建多方共同参与的低碳交通合作网络；建设行业协会社团分支机构，密切与交通运输企业的联系；搭建低碳交通发展经验和技术推广的交流平台，促进先进技术推广和经验交流，协同推进低碳交通发展。

二是加强国外低碳交通交流合作。深入开展各项多边交流合作，着力提升低碳交通领域的国际合作层次和质量，不断加强重大国际交流合作平台与机制建设，积极吸收借鉴国际先进经验；加强对外传播和国际话语体系建设，积极参与智能低碳交通领域具有影响力的国际会议；着力打造世界交通运输大会等品牌论坛，积极回应国际社会关切，不断扩大国际影响力。

三是积极参与全球应对气候变化谈判。积极参与联合国气候变化框架公约和国际海事组织及其他国际框架下应对气候变化谈判；积极参与海运业、航空业减排全球治理，深度参与全球交通气候治理研究和政策对话；加快推动国际海事组织海运温室气体减排战略和措施的制定；提升参与重大国际交通议题设置、国际规则制定、国际协商谈判的能力和水平。

参考文献

［1］荣朝和. 对运输化阶段划分进行必要调整的思考［J］. 北京交通大学学报，2016，40（4）：122–129.

［2］UIC. RAIL Information System and Analyses［EB/OL］.［2022/03/14］. https://uic.org/support-activities/statistics/.

［3］邓连波，段科屹，汪晴，等. 城市轨道交通节能列车时刻表优化方法［J］. 系统工程理论与实践，2021，41（6）：1486–1495.

［4］陈硕，杨天军，闫超. 国内外旅客联程运输发展现状及案例［M］. 北京：人民交通出版社，2018.

［5］谭小平. 多式联运系统对基础设施和装备发展的要求［J］. 中国远洋海运，2017（12）：40–43.

［6］《国家综合立体交通网规划纲要学习读本》编写组. 国家综合立体交通网规划纲要学习读本［M］. 北京：人民交通出版社股份有限公司，2021.

［7］霍艳芳，齐二石. 智慧物流与智慧供应链［M］. 北京：清华大学出版社，2020.

［8］王先庆. 智慧物流打造智能高效的物流生态系统［M］. 北京：电子工业出版社，2019.

［9］董娜，姜彩良，李彦林，等. 无车承运人试点工作技术指引［M］. 北京：人民交通出版社，2017.

［10］李敬泉. 中国无车承运人业态发展研究［M］. 南京：南京大学出版社，2017.

［11］欧健. 现代物流配送理论与实务［M］. 北京：世界图书出版公司，2012.

［12］施先亮. 智慧物流与现代供应链［M］. 北京：机械工业出版社，2020.

［13］王同军. 中国智能高速铁路体系架构研究及应用［J］. 铁道学报，2019，41（11）：1–9.

［14］马建军，李平，邵赛，等. 智能高速铁路关键技术研究及发展路线图探讨［J］. 中国铁路，2020（7）：1–8.

［15］何华武，朱亮，李平，等. 智能高速铁路体系框架研究［J］. 中国铁路，2019（3）：1–8.

［16］王同军，何华武，田红旗. 智能高速铁路体系架构与标准体系［M］. 北京：中国铁道出版社，2020.

［17］王同军. 基于系统论的智能高铁建设运营管理创新与实践［J］. 中国铁道科学，2021，

42（2）：1-8.

［18］何华武，王同军，田红旗．智能高速铁路关键技术与技术平台［M］．北京：中国铁道出版社，2021.

［19］王同军．京张智能高速铁路［J］．工程，2021，7（12）：1665-1672.

［20］Tongjun Wang.The Intelligent Beijing-Zhangjiakou High-Speed Railway［J］．Engineering，2021，7（12）：1665-1672.

［21］王同军．基于 BIM 技术的铁路工程建设管理创新与实践［J］．铁道学报，2019，41（1）：9.

［22］刘长青．京张高铁智能动车组关键技术研究与应用［J］．中国铁路，2019（9）：9-13.

［23］王同军．京张高铁智能化服务总体架构、关键技术与应用示范［J］．铁路计算机应用，2021，30（7）：1-8.